Aeneas an seinen Sohn Ascanius:

Disce, puer, virtutem ex me verumque laborem, fortunam ex aliis.

Leistung, mein Sohn, lerne von mir und echten Einsatz, aber von anderen Lebensglück. (Aen. 12,435/6)

Eine kurze Vorbemerkung

Vergil: ein „Klassiker" (T. S. Eliot), „ein bösartiger Werbetexter der Macht" (Rolf Hochhuth), oder der „Vater des Abendlandes" (Theodor Haecker)? Irritierende Urteile aus literarischem Mund. Und dann das Wort des Helden an die junge Generation (vgl. das obige Motto) Leistung, Einsatz – aber Fehlanzeige in Sachen Lebensglück! *Quid ad nos?*
Worum geht es? Ein Dichter leidet unter der Abfolge von (Bürger-) Kriegen, er erlebt aber schließlich, wie ein junger, taktisch kluger, zeitweise sogar skrupelloser Politiker die Sache (und damit auch die *res Romana!*) in den Griff bekommt, ja Frieden schafft.
Aber Vergil ist kein Biograf. Der Dichter greift auf den Mythos zurück, um an ihm mit Blick auf die eigene Gegenwart den Aufstieg einer Weltmacht zu zeigen. Mit Aeneas zeichnet er keine Lichtgestalt, sondern einen „Helden", dem nichts Menschliches fremd ist, mit Verantwortungsbewusstsein, gelegentlich aber auch Verzweiflung und Wut, einen Mann, der Krieg, Flucht, Verlust von Familienangehörigen erlebt und sich vor die Entscheidung zwischen Liebe und politischem Auftrag gestellt sieht. Wir lesen von der Zerstörung Trojas, einer Liebesgeschichte mit tragischem Ausgang, einer von Leid und Tod gezeichneten Suche nach Heimat. Es eröffnen sich aber auch Perspektiven, die ein großes Ziel erkennen lassen: die *pax Augusta* als Idealzustand des römischen Staates und seiner Gesellschaft.
Wir dürfen und sollten aber auch Fragen stellen: Wie begründete, wie verstand Rom seine Machtposition? Was bedeutet für einen Dichter politisches Engagement, und wie müssen wir es aus dem historischen Verständnis der Epoche heraus beurteilen? Welche existentiellen Möglichkeiten entfaltet der Dichter an der Aeneas-Gestalt? Warum werden auch noch in unserer Zeit gewisse Themen aus dieser Dichtung in den Bereichen Literatur – Kunst – Musik aufgegriffen?

Zur Benützung der Ausgabe

Um möglichst zahlreiche Hilfen auf beschränktem Raum geben zu können, verwenden der sprachliche Kommentar (*sub linea*) und der Sachkommentar (SK) eine Reihe von Abkürzungen (s. u.) und verweisen besonders oft auf die Anhänge 1–4 (zu **S**prache, **St**ilistik; zu **M**etrik; zu **W**ortschatz mit Synonymen) am Ende dieses Bandes (s. S. 91 ff.).
Eigennamen werden *sub linea* nur vokabelmäßig erklärt; genauere Informationen enthält (bei häufiger vorkommenden Eigennamen) das Namensverzeichnis (**N**) als Anhang 5 (s. S. 99–101) bzw. der Kommentarband.
Weggelassen sind geläufige grammatikalische Kürzel.

Abkürzungen

alat.	altlateinisch
B	Abbildung
B.	Buch (+ Zahl)
BT	Begleittext (im SK)
E	Einleitung (im SK)
erg.	ergänze
Fr	Fragen (u. Aufgaben; im SK)
FW	Fremdwort
griech.	griechisch
h.	hier
INFO	Information (zu Bildern; SK)
K	Karte (Anhang 6)
klass.	klassisch
lat.	lateinisch
M	Metrik
N	Eigennamen
nkl.	nachklassisch
poet.	poetisch
röm.	römisch(e/en ...)
S	Sprache
sc.	scilicet
SK	Sachkommentar
St	Stilistik
T	Text (1–33)
unkl.	unklassisch
ÜB	Übersetzung
v. a.	vor allem
W	Ergänzungswortschatz (W1 / W2 Synonyme)

↗	allgemeines Verweiszeichen
↗ zu	Verweis auf den Sachkommentar
*	Aeneisstelle, die in diese Auswahl nicht aufgenommen ist
~	entspricht (bei sprachlichen Erklärungen)

Vergil, Aeneis (Auswahl in 10 Blöcken)

Vergil, Aeneis (Auswahl in 10 Blöcken)

I Gesamtproömium

T 1 Proömium (1,1–7)

1,1 Arma virumque cano, Troiae qui primus ab oris
Italiam fato profugus Lāvīniaque venit
litora – multum ille et terris iactatus et alto
vi superum, saevae memorem Iūnonis ob iram,
multa quoque et bello passus, dum conderet urbem
inferretque deos Latio, gĕnŭs unde Latinum
Albānique patres atque altae moenia Romae.

T 2 Junos Feindschaft (1,8–33)

1,8 Musa, mihi causas memora, quo numine laeso
quidve dolens regina deum tot volvere casus
insignem pietate virum, tot adire labores
impulerit. Tantaene animis caelestibus irae?

Urbs antiqua fuit – Tyrii tenuēre coloni –
Karthāgo, Ītaliam contra Tĭbĕrīnaque longe
ostia, dives opum studiisque asperrima belli;

1, 1 **arma** h. Waffentaten (St 11) – **Trōiae quī**: S 8 – **ōrīs**: S 5 – **Ītaliam, lītora**: S 3a – **pro-fugus** flüchtig; h. als Flüchtling – **Lāvīn-ius** lavinisch; ‚Lāvīnja' (M 3d)
3 **et terrīs et altō** (W 1): ~ *terrā marī-que;* S 3b
4 **vī superum**: S 1 – **memor** h. unversöhnlich; *saevae ... īram*: S 10b – **bellō**: S 3b
6 **Latiō**: S 3d – **genus unde** (S 8): erg. *est* – **Albānī ... patrēs** (M 2b): die „Stammväter" aus Alba (Longa) – **altae** (h. erhaben) ... **Rōmae**: S 10a

1, 8 **memorāre** h. ~ *dīcere* – **quō nūmine laesō ... im-pulerit** (11): ~ *quod nūmen* (W) *laesum sit ..., ut im-pelleret* – **deum**: S 1 – **volvere** h. (immer wieder) erleiden
11 **im-pellere**: poet. + AcI (statt ut finale) – **Tantaene ... īrae**: S 10d
12 **tenuēre** ~ *in-coluērunt*; zur Stellung ↗ S 10a – **Ītaliam contrā**: S 9 – **longē**: W – **Tiber-īna-que ... ōstia** (S 5): ~ *et* (*contrā*) *ōstium Tiberis*; *-que*: S 7a
14b **dīves**: poet. + Gen. – **studia bellī** Kriegslust; S 10a

Der Dichter und die Vorgeschichte. Holzschnitt aus der 1502 in Straßburg gedruckten Vergilausgabe (↗ E 15.2).

quam Iuno fertur terris magis omnibus unam
posthabitā coluisse Samo. | Hic íllĭus arma,
hic currus fŭĭt; hoc regnum dea gentibus esse,
si quā fată sinant, iam tum tenditque fovetque.
Progeniem sed enim Troiano a sanguine duci
audierat, Tўrĭas olim quae verteret arces;
hinc populum late regem belloque superbum
venturum excidio Lĭbўae: sic volvere Parcas.

Id metuens veterisque memor Sāturnia belli,
prima quod ad Troiam pro caris gesserat Argis –
necdum etiam causae irarum saevique dolores
exciderant animo; manet alta mente repostum
iudicium Părĭdis spretaeque iniuria formae
et genus invisum et rapti Gănўmēdis honores –
his accensa super iactatos aequore toto
Troas, rēliquias Dănăum atque immitis Achilli,
arcebat longe Lătĭo, multosque per annos
errabant acti fatis maria omnia circum.
Tantae molis erat Romanam condere gentem.

---

15 **ūnam** (präd.): St 13

16 **post-habēre** hintansetzen – **Samō. / Hīc** (M 3c) – **gentibus** für/über...

18 **quā**: W – **tendit-que** (W) **fovet-que** (W): ~ *māgnā vī tendit* (St 7); poet. + AcI

19 **sed enim** (S 8): aber freilich – **sanguis** h. ~ Geschlecht – **dūcī** sich herleiten – **Tyriās ... arcēs** (S 5; S 10c): ~ *Carthāginem* – **quae**: S 8 – **vertere** ~ *ē-vertere* (S 6a)

21 **rēgem** ~ *regentem* – **ex-(*s*)cidium** (*scindere*): Untergang – **volvere** h. ~ *velle*

23 **Sāturn-ia** (St 3): ~ *Iūnō* – **prīma** (präd.) **quod**: S 8 – **Argī (-ōrum)**: (die Stadt) Argos

25 **nec-dum etiam** ~ *et nōndum* – **altā** h. tief in (S 3b) – **re-pos(*i*)tum** aufbewahrt

27b **-que**: S 7a – **raptī**: Gen. – **super** (wohl Adv.): ~ *īn-super / praettereā*

30 **Trōăs** ~ *Trōēs* (S 2b) – **rēliquiās Danaum** (S 1; W) ... : ~ *quōs Graecī ... relīquerant* – **Achillī** (h. Gen.): ~ *Achillis*

31 **longē**: W – **maria omnia circum**: S 9

33 **erat** (+ Gen.): h. es erforderte (+ Akk.)

II Seesturm und Verheißung

T 3 Seesturm (1,34–49; 81–101)

1,34 Vix e conspectu Sĭcŭlae telluris in altum
vela dabant laeti et spumas salis aere ruebant,
cum Iuno aeternum servans sub pectore vulnus
37 haec secum: „Mene incepto desistere victam
nec posse Ītaliā Teucrorum avertere regem?
Quippe vetor fatis! Pallasne exurere classem
40 Argīvum atque ipsos potuit summergere ponto
unĭus ob noxam et furias Aiācis Oīleị̆?
Ipsa Iovis rapidum iaculata e nubibus ignem
disiecitque rates evertitque aequora ventis,
illum exspirantem transfixo pectore flammas
45 turbine corripuit scopuloque infixit acuto.
Ast ĕgŏ, quae divum incedo regina Iovisque
et soror et coniunx, unā cum gente tot annos
bella gero. Et quisquam numen Iunonis adorat
praeterea aut supplex aris imponet honorem?"

Voll Zorn eilt Juno zu König Äolus, der die Winde in einem Berg (↗ zu 1,139) eingeschlossen hält; sie verspricht ihm die schönste ihrer Nymphen als Braut, wenn er den Winden den Weg freigibt (50–80). Äolus erklärt sich bereit (↗ E 11.1).

1, 34 **cōn-spectus, -ūs** h. Blickfeld, Umkreis – **Sicula tellūs** ~ *Sicilia*

35 **vēla dare** ~ *nāvigāre* – **spū-ma**: W – **sal** (poet.): Salzflut; Meer – **aes** ~ *nāvis* (W 1) – **ruere** (~ *ē-ruere*: S 6a): h. aufwühlen – **sub**: W – **haec sēcum** (*locūta est*)

37b **Mē-ne ... dē-sistere!** (empörte Frage in Form eines AcI des Ausrufs): soll gerade ich ...? – **Teucrī**: W – **quippe** freilich

39b **Pallas** (*Athēnē*): ~ *Minerva* – **ex-ūrere**: S 6b – **Argīvum**: S 1 – (*eōs*) **ipsōs** – **sub-mergere** (S 6b) **pontō** (W 1): ~ *mergere sub* (W) *marī* ↗ S 3e

41 **noxa** (*ob-noxius*): Vergehen; *noxam et furiās* (W): St 7 – **ūnĭus** (~ *sōlum*) ... **Aiācis** – (*fīliī*) **Oīleị̆**

42 **Ipsa** (~ *Pallas*) ... **ignem**: S 10b – **iac-ulārī** ~ *iactāre* – **ē-vertere** h. aufwühlen

45b **turbō, corripere**: W – **scopulō** (W) **īn-fīxit**: S 3d/e

46 **ast** ~ *at* – **dīvum**: S 1 – **in-cēdō** (verstärkend): ~ *sum*

48 **Et** (bei unwilligen Fragen): denn noch?

49 **praetereā** h. ~ *posteā* – **aut**: S 8 – **ārīs im-pōnere**: S 3d/e – **honōs** h. Ehrengabe

Haec ŭbĭ dicta, cavum conversā cuspide montem
impŭlĭt in lătŭs; ac venti velut agmine facto,
quā dătă porta, ruunt et terras turbine perflant.
Incubuēre mari totumque a sedibus imis
una Eurusque Notusque ruunt creberque procellis
Africus et vastos volvunt ad litora fluctus.
Insequitur clamorque virum stridorque rudentum.
Eripiunt subito nubes caelumque diemque
Teucrorum ex oculis; ponto nox incubat atra.
Intonuēre poli et crebris mĭcăt ignibus aether
praesentemque viris intentant omnia mortem.

Extemplo Aeneae solvuntur frigore membra;
ingemit et duplicīs tendens ad sidera palmas
talia voce refert: „O terque quaterque beati,
quīs ante ora pătrum Troiae sub moenibus altis
contigit oppetere! Ó Dănăum fortissime gentis
Tydīdē! Mene Īliacis occumbere campis
non potuisse tuāque animam hanc effundere dextrā,

---

81 **haec ubi** (S 8) **dicta** (*sunt*) – **cuspis**: W

83 **quā** (W) **data** (*est*) – (*prō-*)**ruunt** (S 6a) – **turbō**: W – **per-flāre** durchblasen

84 **marī**: S 3d – **sēdēs** h. Meeresgrund

85 **Eurus** (griech.): (S)O-Wind – **Notus** (griech.): S-Wind – **ruunt** ↗ 35 – **crēber** (+ Abl.): reich (an) – **pro-cella** Sturm – **Āfricus** (*ventus*): WSW-Wind

87 **virum**: S 1 – **strīd-or** Rauschen; Knarren – **rudent**(*i*)**um**: Gen. zu *rudēns, -entis* (m.): (Schiffs-)Tau

88 **diem** ~ *lūcem diēī* – **Teucrī**: W – **in-cubāre** (+ Dat.): h. sich gelegt haben (auf)

90 **in-tonāre** (donnernd) krachen – **micāre** zucken; h. schimmern – **īgnis, aethēr**: W

91 **praesentem ... mortem in-tentāre** (+ Dat.): (jd) den sofortigen Tod androhen

92 **ex-templō** ~ *statim* – **frīgus, -oris** h. eisiger Schauder; Entsetzen

93 **in-gemere** aufseufzen – **duplicīs** (M 2b): ~ *ambās* – **vōce referre** ~ *vocāre*

94b **ter, quater, -que ... -que**: W – **quīs** ~ *quibus* – **sub** h. unten an, am Fuß ...

96 **con-tingit**: poet. + Inf. – **op-petere** (*mortem*): ~ *mortem ob-īre* – **Danaum** (W): S 1 – **Tӯd-īdē** (griech. Vokativ): Sohn des Tydeus (St 3) ~ *Diomēdēs*

97b **Īliacus**: W – **oc-cumbere** ~ *oppetere* (96) – **Mē-ne ... nōn potuisse** (↗ 37): Ach, dass ich ... ! – **hanc** ~ *meam* – (**animam ...**) **ef-fundere** ~ *ef-flāre*

Die Schiffe des Aeneas im Sturm. Miniatur aus einer spätantiken Vergilhandschrift um 500 (dem Codex Vergilius Romanus). Rom, Biblioteca Vaticana (↗ E 15.1).

99 saevus ubi Aeăcĭdae telo iăcĕt Hector, ubi ingens
Sarpēdōn, ubi tot Sĭmŏīs correpta sub undis
scuta virum galeasque et fortia corpora volvit!“

---

99 **saevus ubi**: S 8 – **Aeac-idēs, -ae** (St 3): ~ *Achillēs*

100 **Sarpēdōn** (griech. Nom.): *fīlius Iovis* – **Simoīs** (Nom.): *flūmen apud Trōiam* – **cor-ripere** (W): h. (mit sich) fortreißen

101 **sub**: W – **virum**: S 1 – **gălea** (Leder-)Helm – **fortia corpora** (St 5): ~ *corpora fortium* (*virōrum*)

T 4 Beruhigung des Sturms (1,124–156)

Die Flotte der Aeneaden wird von dem furchtbaren Sturm gepackt und zerstreut; ein Schiff geht unter, andere drohen zu sinken.

Interea magno misceri murmure pontum
emissamque hiemem sensit Neptunus et imis
stagna refusa vadis, graviter commotus, et alto
prospiciens summā placidum caput extulit undā.
Disiectam Aenēae toto videt aequore classem,
fluctibus oppressos Trōas caelique ruinas.
Nec latuēre doli fratrem Iunonis et irae.
Eurum ad se Zephyrumque vocat, dehinc talia fatur:

„Tantane vos generis tenuit fiducia vestri?
Iam caelum terramque meo sine numine, venti,
miscere et tantas audetis tollere moles?
Quos ego … ! – Sed motos praestat componere fluctus.
Post mihi non simili poenā commissă luetis.
Maturate fugam regique haec dicite vestro:
Non illi imperium pelagi saevumque tridentem,
sed mihi sorte datum. Tenet ille immania saxa
vestras, Eure, domos; illa se iactet in aula
Aeolus et clauso ventorum carcere regnet.“

Sic ăĭt, et dicto citius tumida aequora placat
collectasque fugat nubes solemque reducit.

1, 124 **miscēre** h. aufwühlen – **murmur**: W

126 **stāgnum** h. ~ *mare* (W 1) – **re-fūsa** h. aufgewühlt – (*ex*) **vadīs** (h. Tiefe) – **prō-spicere**: W – **altō**: S 3d

129 **Trōas**: S 2b – **ruīna caelī** h. Wolkenbruch – **latēre** (h. + Akk: griech.): (jd) verborgen bleiben

131 **Eurus** ↗ 85 – **Zĕphȳrus** (griech.): W-Wind – **dehinc** (M 3d): ~ *de-inde*

132 **tenuit** h. hat gepackt/erfasst – **nū-men**: W – **miscēre** ↗ 124 – **mōlēs tollere** h. Wassermassen auftürmen

135 **Quōs egŏ . . .!** ~ *Vōs egō pūniam!*

136 **com-missa** (*scelera*) – **mātūrāre fugam** ~ *celeriter fugere* – **rēgī** ~ *Aeolō* (↗ 141)

138 **pelagus**: W – **trĭ-dēns** (m.): W – **datum** (*esse*)

142 **dictō citius** ~ *citius, quam dīcī potest* – **tum-idus** ↗ *tumor*

144 Cȳmothoē simul et Trītōn adnixus acuto
detrudunt navīs scopulo; levat ipse tridenti
et vastas aperit syrtīs et temperat aequor
atque rotis summas levibus perlabitur undas.
148 Ac veluti magno in populo cum saepe coorta est
seditio saevitque animis ignobile vulgus,
150 iamque faces et saxa volant, furor arma ministrat;
tum, pietate gravem ac meritis si forte virum quem
conspexēre, silent arrectisque auribus adstant;

Rubens: *Neptun besänftigt den Sturm*. Gemälde, 1635. Dresden, Gemäldegalerie.

---

144 **Cȳmo-thoē et Trītōn** (jeweils griech. Nom.): *comitēs Neptūnī* – **ad-nītī** ~ h. mitdrücken, sich dagegenstemmen; *adnīxus* gehört sinngemäß auch zu *Cȳmothoē*

145a **dē-trūdere** (+ Abl.): hinunterstoßen, -schieben (von) – **scopulus**: W

145b **levāre** h. nachhelfen – **tri-dentī**: Abl. (poet.) – **syrtis, -is** (f.): Sandbank; auch Eigenname – **temperāre** h. glätten – **rota** Rad – **per-lābitur undās**: S 3e

148 **velutī** ~ *velut*; fortgeführt durch 154 **Sīc** – **cum saepe** ~ *cum, ut saepe fit* – **co-orīrī**: S 6b – **saev-īre**: W – (*in*) **animīs** ~ *īrā* – **ignōbile vulgus** die anonyme Masse

150 **ministrāre** reichen, liefern – **pietāte gravem** (h. angesehen) **. . . sī** (S 8) **forte virum quem** (zu *sī*): S 10c – **ar-rigere**: W – **ad-stāre** dabeistehen

ille regit dictis animos et pectora mulcet:
Sic cunctus pelagi cecidit fragor, aequora postquam
prospiciens genitor caeloque invectus aperto
flectit equos curruque volans dat lora secundo.

T 5 Jupiters Prophezeiung (1,223–296)

Die zersprengte Flotte des Aeneas strandet an verschiedenen Stellen der Küste Afrikas in der Nähe von Karthago; Aeneas – selber voll Sorge – spricht den ermatteten Gefährten, die mit ihm am Strand lagern, Mut zu.

Et iam finis erat, cum Iuppiter aethere summo
despiciens mărĕ velivolum terrasque iacentīs
litoraque et latos populos, sic vertice caeli
constitit et Lĭbўae defixit lumina regnis.
Atque illum talīs iactantem pectore curas
tristior et lăcrimis oculos suffusa nitentīs
adloquitur Vĕnŭs: „O qui res hominumque deumque
aeternis rĕgĭs imperiis et fulmine terres,
quid meus Aeneas in te committere tantum,
quid Trōes potuēre, quibus tot funera passis
cunctus ob Italiam terrarum clauditur orbis?
Certe hinc Romanos olim volventibus annis,
hinc fore ductores revocato a sanguine Teucri,
qui mărĕ, qui terras omni dicione tenerent,
pollicitus – quae te, genitor, sententia vertit?

---

153 **mulcēre** besänftigen – **frag-or** h. Getöse – **prō-spicere** (W) **aequora** (S 5): S 3a

155b **caelō apertō** ~ *caelō serēnō* – **in-vehī** h. dahinfahren – **flectere** h. ~ *regere* – **lōra dare** die Zügel schießen lassen (*equīs*) – **currū ... secundō** ~ *in currū celerī*

1, 223 **fīnis** (*sermōnum*) – **aethere** (W) **... dē-spiciēns**: S 3b/e – (*in*) **mare**: S 3a – **vēli-volus** (*vēlum* + *volāre*): h. von Schiffen befahren – **iacēns** daliegend; h. hingebreitet

225 **lātus** h. weitverbreitet; weithin wohnend – **sīc**: pleon. – **lūmina dē-figere** (+ Dat.: S 3d); ~ *oculōs vertere* (*in*)

227 **iactāre** ~ *movēre* – (*in*) **pectore** – **lacrimīs oculōs** (S 4) **suf-fūsa** die Augen mit Tränen benetzt – **nĭtentīs** ↗*nĭtēre* – **ad-loquī**: W

231 **committere** (*potuit*), ... (*committere*) **potuēre**

234 **certē** („zuverlässig, fest"): zu **pollicitus** (*es*: 237; + AcI) – **hinc** ~ *ab hīs* (*Trōiānīs*) – **volventibus** (Depon.: sich drehen) **annīs** im Laufe der Jahre

235 **hinc fore** ~ *ā Trōiānīs oritūrōs esse* – **ductor**: W – **re-vocāre** h. ~ *re-novāre* – **Teucrī**: W – **omnī** h. allumfassend – **quae**: statt *cuius* – **vertere** h. umstimmen

Hoc equidem occasum Troiae tristīsque ruinas
solabar fatis contraria fata rependens;
nunc eadem fortuna viros tot casibus actos
insequitur. Quem das finem, rex magne, laborum?
Antēnor potuit mediis elapsus Achivis
Illyricos penetrare sinūs atque intima tutus
regna Liburnorum et fontem superare Timavi,
unde per ora novem vasto cum murmure montis
it mare proruptum et pelago premit arva sonanti.
Hic tamen ille urbem Pătăvi sedesque locavit
Teucrorum et genti nomen dedit armaque fixit
Trōĭă, nunc placidā compostus pace quiescit:
Nos, tua progenies, caeli quibus adnuis arcem,
navibus – infandum! – amissis unīus ob iram
prodimur atque Italis longe disiungimur oris.
Hic pietatis honos? Sic nos in sceptra reponis?“

Olli subridens hominum sator atque deorum
vultu, quo caelum tempestatesque serenat,
oscula libavit natae, dehinc talia fatur:

---

238 **hōc** (*prōmissō*) – **trīstis** h. betrüblich
239 (*cōn-*)**sōlābar** (+ Akk.; S 6a): sich aussöhnen (mit); Tempus! – **re-péndere alqd** (+ Abl.): etw. abwägen (gegen)
242 **Antēnōr** (griech. Nom.): *alius dux Trōiānōrum* – **ē-lābī** ~ *ē-vādere* – **Achīvī**: W
244 **Liburnī**: *gēns* – **superāre** h. ~ *trāns-īre* – **Timāvus**: *flūmen*
245 **murmur**: W – **mare prōruptum** (präd.): als herausbrechende/rauschende Flut – **pelagus, arvum**: W
247 **urbs Patavī** (statt: *Patavium*; n.): die Stadt Padua – **locāre** ~ *col-locāre* (S 6a)
249 **Trō-ius** (dreisilbig): Adj.! – **com-pos(*i*)tus** h. bestattet (↗ 26 *re-postum*)
250 **caelī quibus**: S 8 – **ad-nuere** ~ *permittere* – **īn-fandum** (W): erg. *est*
252 **longē**: W – **dis-iungere** (h. + bloßer Abl.): ~ *sē-parāre*
253 **honōs** h. ~ *mercēs* – **scēptrum** (griech.): Zepter; *scēptra* (S 5): h. ~ Herrschaft – **re-pōnere** h. (wieder) einsetzen (in)
254 **ollī** ~ *illī* (St 4) – **sub-rīdēre** (+ Dat.): (jd) sanft zulächeln; vgl. franz. *sourire* – **sator** ~ *pater* (W 1)
255 **serēn-āre** ↗ *serēnus*
256 **ōs-culum** h. Mund (S 5) – **lībāre** h. ~ *tangere* – **de-hinc** (M 3d): ~ *de-inde*

„Parce metu, Cytherēa, manent immota tuorum
fata tibī; cernes urbem et promissa Lăvīni
moenia, sublimemque feres ad sidera caeli
magnanimum Aenean; neque me sententia vertit.
Hic tibĭ – fabor enim, quando haec te cura remordet,
longius et volvens fatorum arcana movebo –
bellum ingens geret Ītaliā populosque ferocis
contundet moresque viris et moenia ponet,
tertia dum Lătĭo regnantem viderit aestas
ternaque transierint Rŭtŭlis hiberna subactis.
At puer Ascănius, cui nunc cognomen Ĭūlo
additur – Īlus erat, dum res stetit Īlia regno –,
triginta magnos volvendis mensibus orbīs
imperio explebit regnumque ab sede Lavini
transferet et Longam multa vi muniet Albam.
Hic iam ter centum totos regnabitur annos
gente sub Hectŏrĕā, donec regina sacerdos
Martĕ gravis geminam partu dabit Ilia prolem.
Inde lupae fulvo nutricis tegmine laetus
Romulus excipiet gentem et Māvortia condet
moenia Romanosque suo de nomine dicet.

---

257 **parce metū** (~ *metuī*): ~ *nōlī metuere* – **Cytherēa** (St 3): ~ *Venus*

258 **Lavīnium**: ↗ N – **sub-līmis** (*līmen*): hochragend; *sublīmem ferre* ~ *in altum ferre*

260 **māgn-animus** hochherzig – **Aenēān**: S 2a – **sententia** (*ūllīus hominis*; ↗ 237)

261 **quandō**: W – **re-mordēre** ~ *iterum vexāre* – **longius et**: S 8 – (*re-*)**volvere** (S 6a): aufrollen – **arcānum** Geheimnis; Objekt zu **volvēns** und **movēbō** (h. ~ *dētegam*)

264 **con-tundere** „zusammenschlagen"; h. ~ *sub-igere* – **pōnere**: bei **mōrēs** (Gesittung) zeugmatisch (St 15) – **dum**: S 8 – **rēgnantem** (*eum*): AcP

266 **terna ... hīberna** ~ *trēs hiemēs/annōs;* S 10b – **trāns-īre**: h. zeitlich

267 **I-ūlō** (Kasusangleichung an *cui*): ~ *Iūlus* – **rēs** (W) **Īlia** ~ *opēs Trōiānae* – **rēgnō stāre** in (voller) Macht stehen; S 10b

269 **māgnōs orbīs** ~ *annōs* – **volvendīs** (~ *volventibus*) **mēnsibus** ↗ 234

270 **imperiō ex-plēbit** ~ *imperābit* – **ā sēde Lavīnī** ~ *ab urbe Lavīnī* (↗ 247 *Patavī*)

272 **iam**: W – **ter centum** ~ *trecentōs* – **Hector-eā** (St 3): ~ *Trōiānā* – **rēgīna** h. ~ *rēgia*

274 **Mārte gravis** von Mars schwanger – **partū dare** ~ *párere* – **Īlia**: *nōmen sacerdōtis*

275 **lup-a** ↗ *lupus* – **fulvus**: W – **nūtrīx** Amme; h. nährend – **teg-men** ↗ *tegere*; S 10b – **laetus** (+ Abl.): h. stolz auf

276 **ex-cipere** h. weiterführen – **Māvort-ius** h. dem Mars geweiht – **dē** h. nach

His ego nec metas rerum nec tempora pono:
imperium sine fine dedi. Quin aspera Iuno,
quae mare nunc terrasque metu caelumque fatigat,
consilia in melius referet, mecumque fovebit
Romanos, rerum dominos gentemque togatam.
Sic placitum. Veniet lustris labentibus aetas,
cum domus Assaraci Phthīam clarasque Mȳcēnas
servitio premet ac victis dominabitur Argis.
Nascetur pulchra Troianus origine Caesar,
imperium Oceano, famam qui terminet astris,
Iulius, a magno demissum nomen Ĭūlo.
Hunc tu olim caelo spoliis Orientis onustum
accipies secura; vocabitur hic quoque votis.
Aspera tum positis mitescent saecula bellis;
cana Fĭdes et Vesta, Rĕmo cum fratre Quĭrīnus
iura dabunt; dirae ferro et compagibus artīs
claudentur Belli portae; Furor impius intus
saeva sedens super arma et centum vinctus ăēnis
post tergum nodis frĕmĕt horridus ore cruento.“

---

278 **mēta** Ziel, Grenze – **rēs**: W – **tempora** h. ~ *fīnem temporum*
279 **Quīn** (*etiam*) – **fatīgāre** h. in Atem halten
281 **cōnsilia in melius referre** ~ *cōnsilia meliōra capere* – **fovēre**: W
282 **togā-tus** ~ *togā ōrnātus*
283 **lūstrum** Zeitraum von fünf Jahren; *lūstrīs lābentibus* ↗ *volvendīs mēnsibus* 269
284 **Assaracus**: *avus Anchīsae* – **Phthīa, Mycēnae, Argī** (Argos): *urbēs Graecae* – **dominārī**: h. + Dat. (über)
287 **quī**: vor **imperium** zu ziehen (S 8) – **termināre** (FW): begrenzen (Konjunktiv!)
288 **dē-missus** h. abgeleitet
289 **onustus** ↗ *onus* – **vōtīs vocāre** unter Gelübden anrufen
291 **positīs** ~ *com-positīs* (S 6a) – **mītē-scere** ↗ *mītis*
292 **cānus** (alters-)grau, ehrwürdig – **Quirīnus** ~ *Rōmulus* – **iūra** h. ~ *lēgēs*
293b **dīrus** schrecklich – **ferrō et com-pāgibus** (*-ēs, -is* das Gefüge, der Bau) **artīs** (*-us*: Adj. „eng“): „mit fest zusammengefügten Eisen“ (St 7); mit eisernen Riegeln
295 **aēnus** ~ *aēneus* (*aes*): ehern – **nōdus** Knoten

III Ankunft in Karthago

T 6 Didos erstes Auftreten (1,494–508)

Nach der Landung (T 4) und der eingeschobenen Götterszene (T 5) erkundet Aeneas zusammen mit seinem Vertrauten Achátes die Gegend. Dabei treffen sie mit Venus zusammen, die sie unsichtbar macht, sodass sie unbemerkt in die neu gegründete Stadt Karthago hineingelangen. Nun stehen sie staunend vor dem Tempel der Juno, an dessen Wänden sie die ihnen wohlbekannten Geschehnisse vor Troja dargestellt finden.

1,494 Haec dum Dardanio Aeneae miranda videntur,
dum stŭpĕt obtutuque haeret defixus in uno,
regina ad templum, formā pulcherrima Dido,
incessit magnā iuvenum stipante catervā.
498 Qualis in Eurōtae ripis aut per iuga Cynthi
exercet Dīāna choros, quam mille secutae
500 hinc atque hinc glomerantur Orēădĕs; illa pharétram
fert umero gradiensque deas supereminet omnīs;
Lātōnae tacitum pertemptant gaudia pectus:
Talis erat Dīdō, talem se laeta ferebat
per medios instans operi regnisque futuris.
505 Tum foribus divae, media testudine templi,
saepta armis solioque alte subnixa resedit.
Iura dabat legesque viris operumque laborem
partibus aequabat iustis aut sorte trahebat.

1, 494 **haec dum**: S 8 – **Dardan-ius**: W – **videntur** (+ dat. auctoris): ~ *spectantur*
495 **ob-tūtus, -ūs** (*in-tu-ērī*): Betrachtung – **dē-fīxum haerēre** versunken sein
497 **stīpāre** dicht umdrängen – **caterva**: W
498 **quālis** wie – **Eurōtās (-ae)**: *flūmen, quod iuxtā Spartam fluit* – **Cynthus**: *mōns*
499 **exercēre chorōs** Reigen anführen – **hinc atque hinc** ~ *utrimque* – **glomerāre**: W – **Orēades** (Bergnymphen): mit griech. Endung (*-ĕs*)
500b **pharétra** (griech.): Köcher – **gradī** ~ *in-cēdere* – **super** (*-ēminēre*): Verstärkung
502 **Lātōna**: *māter Diānae* – **tacitum** h. still – **per-temptāre** durchlaufen, durchzucken
503 **tālem sē ferēbat** ~ *tālis in-cēdēbat* – **per mediōs** (*hominēs*) – **īn-stāns** (+ Dat.): h. besorgt (um) – **foribus** (S 3b): ~ *apud forēs* (Flügeltür)
505b **testūdō, -inis** (f.): Schildkröte(npanzer); h. gewölbte Halle
506 **arma** h. ~ *armātī* – **solium** ~ *sēdēs* – **altē sub-nīxa** (*nītī*; + Abl.): „hochgestützt“, hochthronend (auf) – **rĕ-sēdit** ~ *cōn-sēdit*
507 **iūra** h. Rechtsnormen – **operum labōrem** ~ *mūnera labōr-iōsa* – **partibus aequābat iūstīs** ~ *iūstē distribuēbat* – **sorte trahēbat** h. ließ das Los entscheiden (über)

T 7 Aeneas vor Dido (1,586–593)

Während Aeneas und Achátes unsichtbar Didos Auftritt bestaunen, erscheinen Abgesandte der schiffbrüchigen Trojaner. Dido verspricht Hilfe, worauf Achates den immer noch besorgten Aeneas zum Vortreten ermuntert.

1,586 Vix ea fatus erat, cum circumfusa repente
scindit se nubes et in aethera purgat apertum.
Restitit Aeneas claraque in luce refulsit
os umerosque deo similis; namque ipsa decoram
caesariem nato genĕtrix lumenque iuventae
purpureum et laetos oculis adflarat honores:
quale manūs addunt ĕbŏri decus, aut ubĭ flavo
argentum Părĭusve lapis circúmdatur auro.

Antoine Coypel: *Aeneas und Achates erscheinen vor Dido.* Gemälde, 1715/17. Arras (N-Frankreich), Musée des Beaux-Arts.

1, 586 **fātus erat** (*Achātēs*) – **aethera**(W): S 2b – **purgāre** (*sē*): h. sich auflösen
588 **re-sistit** ↗ *re-stāre* – **re-fulgēre** Strahlen zurückwerfen, schimmern
589 **ōs umerōs-que**: S 4 – **caesariēs, -ēī** lockiges Haar, Haarpracht – **gene-trīx** ~ *Venus* – **iuventa** ~ *iuventūs* – **purpur-eus** purpurfarben, strahlend
591b **ad-flāre** zublasen; h. verleihen – **laetōs ... honōrēs** heitere Anmut (poet.), beglückende (akt.) Schönheit
592 **quāle** ~ *ut* – **manūs** (*artificis*) – **ebur, -oris** (n.): Elfenbein – **aut** (*quāle addunt decus*), **ubĭ** (wenn) – **Par-ius ... lapis** ~ *marmor*

T 8 Verhängnisvolles Begrüßungsmahl (1,695–722)

Dido lädt die Aeneaden in ihren Palast zu einem Begrüßungsmahl ein; dazu holt Achátes, der treue Gefährte des Aeneas, auch Ascanius/Iulus; doch die besorgte Venus sendet ihren Sohn Cupído in der Gestalt des Iulus dorthin, damit er in Dido Liebe zu Aeneas entfache.

1,695 Iamque ibat dicto pārens et dona Cupīdo
regia portabat Ty̆rĭis dŭcĕ laetus Achāte.

Giovanni Battista Tiepolo: *Aeneas mit Cupido als Ascanius vor Dido.* Fresko, 1757. Vicenza (Norditalien), Villa Valmarana (Vergilzimmer).

1, 695 **dictō** (*Veneris*) – **Tyriīs** (W): h. *Dīdōnī et comitibus eius*

Cum vĕnit, aulaeis iam se regina superbis
aureā composuit spondā mediamque locavit.
Iam pater Aeneas et iam Troiana iuventus
conveniunt, stratoque super discumbitur ostro.
Dant mănibus famuli lymphas Cĕrĕremque canistris
expediunt tonsisque ferunt mantēlia villis.
Quinquaginta intus famulae, quibus ordine longam
cura penum struere et flammis adolēre penatīs;
certum aliae totidemque păres aetate ministri,
qui dapibus mensas onerent et pocula ponant.
Nec non et Tyrii per limina laeta frequentes
convēnēre; toris iussi discumbere pictis
mirantur dona Aeneae, mirantur Ĭūlum
flagrantīsque dei vultūs simulataque verba
pallamque et pictum croceo velamen acantho.

Praecipue infelix, pesti devota futurae,
expleri mentem nĕquĭt ardescitque tuendo
Phoenissa, et pariter puero donisque movetur.

---

697 **aulaeīs** (*-a, -ōrum*)... **superbīs** inmitten von prächtigen Teppichen – **aureā**: M 3d – **sē ... com-posuit** ~ *cōn-sēdit* – **sponda** (Speise-)Sofa – **mediam** (*sē*)

700 **dis-cumbere** sich (getrennt) lagern; sich (beim Hinlegen) verteilen – **ostrum** Purpur; *ostrum ... strātum* (PPP): Purpurdecke

701 **lympha** (FW): ~ *aqua (pūra)* – **Cererem** ~ *pānem* (St 11) – **canistrum** (griech.; FW): Korb – **ex-pedīre** h. hervorholen (aus)

702b **tōnsīs man-tēlia** (n.Pl. zu *mantēle*: *manūs* + *tergere* abwischen) **villīs** Servietten aus geglättetem Leder (eigtl. „geschorenem Fell": *villus,-ī*); S 10d

703 **intus** h. in den hinteren Räumen – **quibus ... cūra** (*est*): + Inf. – **penus, -ūs** (f.): Speisevorrat – **ordine longam** (St 5) **... penum** ~ *longum ordinem cibōrum*

704b **ad-olēre** anzünden – **penātēs** ~ *focus* (St 11)

705 **aliae** (*famulae*) – **tot-idem**: W – **ministrī** (*sunt*) – **daps, dapis** Speise

707 **nec nōn**: St 9 – **laetus** (akt.): Freude verheißend; h. festlich geschmückt – **torus**: W – **dis-cumbere** ↗ 700 – **pictus** h. bunt; mit Stickereien verziert

710 **flagrāns** h. leuchtend, strahlend – **vultūs** (S 5): ~ *faciem*

711 **palla** langes Obergewand (der Frauen) – **pictus** ↗ 708 – **croc-eus** (FW): safrangelb – **vēlā-men, -minis** Schleier – **acanthus** (griech.): Akanthusblüte

712a **prae-cipuē** ~ *im-prīmīs* – **īnfēlīx** (W): ↗ 714 *Phoenissa* (~ *Dīdō*)

712b **dē-vōtus** (+ Dat.): verdammt (zu); S 10a – **ex-plērī ... tuendō** sich satt sehen; **tuendō** gehört zu *explērī* und zu (*ex*)*ardēscit* (S 6a) – **mentem** (S 4): pleonastisch

Ille ŭbĭ complexu Aeneae colloque pependit
et magnum falsi implevit genitoris amorem,
reginam petit. Haec oculis, haec pectore toto
haeret et interdum gremio fŏvĕt inscia Dido,
insidat quantus miserae deus. At memor ille
matris Acīdaliae paulatim abolēre Sychaeum
incipit et vivo temptat praevertere amore
iam pridem resides animos desuetaque corda.

IV Laokoon

T 9 Anfang der Erzählung (1,748–756; 2,1–13a)

Nach dem Festmahl und Didos Trankopfer trägt der Sänger Jopas den Gästen ein Lied vom Ursprung der Dinge und Lebewesen vor.

1,748 Nec non et vario noctem sermone trahebat
infelix Dido longumque bibebat amorem,
multa super Priamo rogitans, super Hectore multa;
nunc quĭbŭs Aurōrae venisset filius armis,
nunc quales Diomēdis equi, nunc quantus Achilles.
„Immo age et á prima dic, hospes, origine nobis
insidias“, inquit, „Dănăum casusque tuorum
erroresque tuos; nam te iam septima portat
omnibus errantem terris et fluctibus aestas.“

---

715 **com-plexū** (*-us, -ūs*; *com-plectī*): h. in den Armen – **im-plēre** h. befriedigen

718 **haeret** (*ex eō*) – **fovet** (W): erg. *eum* – **Dīdō**: Wiederaufnahme von *haec* (717) – **īn-sīdĕre** (+ Dat.): ~ *cōn-sīdere* – **quantus** : S 8 – (*sibi*) **miserae** (St 14)

720 (*verbōrum*) **mātris** – **Acīdalia** (St 3): *cognōmen Veneris* – **ab-olēre** beseitigen; in Vergessenheit bringen – **Sychaeum** ~ *memoriam Sychaeī*

721 **prae-vertere** (*alqm*): (jd) zuvorkommen; h. gewinnen – **re-sēs, re-sidis** „sitzen geblieben“; h. erstarrt – **dē-suētus** entwöhnt (erg. *amōrī*) – **animōs, corda**: S 5

1, 748 **nec nōn** (St 9) **et** und auch – **trahere** h. in die Länge ziehen – **īn-fēlīx**: W – **bibere** h. (tief) in sich aufnehmen – **super** ~ *dē* – **rog-itāre** ~ *iterum atque iterum rogāre*

751 **fīlius Aurōrae** ~ *Memnōn* – **quālēs** (*fuissent*) – **Diomēdēs (-is)**: griech. Held

753 **immō age** (Aufforderung): oder vielmehr/lieber – **Danaum** (W): S 1 – **errantem portāre** h. umhertreiben lassen

2,1 Conticuēre omnes, intentique ora tenebant.
Inde toro pater Aeneas sic orsus ab alto:
„Infandum, regina, iubes renovare dolorem,
Troianas ut opes et lamentabile regnum
eruerint Danai, quaeque ipse miserrima vidi
et quorum pars magna fui. Quis talia fando
Myrmĭdŏnum Dŏlŏpumve aut duri miles Ulixi
temperet a lacrimis? Et iam nox umida caelo
praecipitat suadentque cadentia sidera somnos.
Sed si tantus amor casus cognoscere nostros
et breviter Troiae supremum audire laborem,
quamquam animus meminisse horret luctuque refūgit,
incipiam."

T 10 Laokoons Warnung (2,13b–56)

2,13b … „Fracti bello fatisque repulsi
ductores Danaum tot iam labentibus annis
instar montis equum divinā Palladis arte
aedificant sectāque intexunt ábiete costas;
votum pro reditu simulant; ea fama vagatur.
Huc delecta virum sortiti corpora furtim
includunt caeco lateri penitusque cavernas
ingentīs uterumque armato milite complent.

2, 1 **con-ticē-scere** ↗ *tacēre* – **ōra tenēbant** ~ *spectābant* (absolut); Tempus!
2 **inde h.** ~ *de-inde* – **torus**: W – **ōrsus** ~ *dīcere ōrsus est*
3 **īnfandus**: W – **Trōiānās ut** ~ *cum mē iubēs dīcere* (↗ 1,753), *ut* (wie) *Trōiānās* – **lāmentā-bilis** beklagenswert – **ē-ruere** ~ *dēlēre* – **Danaī**: W
6 **fandō** ~ *cum narrat* – **Myrmidonĕs** (-nen), **Dolopĕs** (-per): *gentēs Graecōrum* – **dūrus** h. ~ *crūdēlis* – **Ulixī**: h. Gen.
8 **ūm-idus** feucht – (*dē*) **caelō** – **suādēre** (h. trans.): anraten, raten zu
10 **amor** ~ *cupiditās* (*est*) – **labor** h. Kampf – **re-fūgit** „sich immer gesträubt hat . . ."

2, 14 **ductor, Danaī**: W – **lābentibus annīs** ↗ 1,283 – **īn-star** (indekl. Subst.; + Gen.): nach Art (von), riesig (wie) – **Palladis** ~ *Minervae*
16 **in-texere** (poet.): umkléiden – **abies, -ietis** (f.): Tanne (M 3d) – **costa** Rippe
17 (*equum esse*) **vōtum** – **ea** ~ *eius reī* – **vagārī** h. sich verbreiten
18 **dēlēcta virum** (S 1) **. . . corpora** ~ *dēlēctōs virōs* – **sortīrī** ↗ *sors* – **fūrtim** ~ *clam*
19 **caecō** (h. dunkel) **laterī** (S 3d): erklärt *hūc* (18). – **penitus** (Adv.): h. tief drinnen – **-que**: S 7b – **cav-erna** ↗ *cavus* – **uterus**: W – **mīlite** h. ~ *mīlitibus*

Est in conspectu Tĕnĕdos, notissimă famā
insula, dives opum Priami, dum regna manebant,
nunc tantum sĭnŭs et statio male fida carinis;
huc se provecti deserto in litore condunt;
nos abiisse rati et vento petiisse Mycenas.
Ergo omnis longo solvit se Teucria luctu;
panduntur portae, iuvat ire et Dorica castra
desertosque videre locos litusque relictum:
Hic Dŏlŏpum mănŭs, hic saevus tendebat Achilles;
classibus hic locus, híc acie certare solebant.
Pars stupet innuptae donum exitiale Minervae
et molem mirantur equi; primusque Thymoetes
duci intra muros hortatur et arce locari,
sive dolo seu iam Troiae sic fata ferebant.
At Căpўs, et quorum melior sententia menti,
aut pelago Danaum insidias suspectaque dona
praecipitare iubent subiectisque urere flammis,
aut terĕbrare cavas uteri et temptare latébras.
Scinditur incertum studia in contraria vulgus.

Primus ibi ánte omnīs magnā comitante catervā
Lāŏcŏōn ardens summa decurrit ab arce,
et prŏcŭl: 'O miseri, quae tanta insania, cives?
Creditis avectos hostīs? Aut ulla putatis
dona carere dolis Danaum? Sic notus Ulixes?

---

21 **in cōnspectū** (*Trōiae*): gegenüber ... – **Tenedŏs**: griech. Nom. – **fāmā**: St 13

22 **dīves opum** ↗ 1,14 – **stă-tiō** Halteplatz, Ankerplatz – **male** (beim Adj.): ~ *vīx* – **carīna**: W – **prō-vehī** ~ *nāvigāre*

25 **abiisse** (unkl.) **ratī** ~ *eōs abīsse ratī sumus* – **Teucria** (*urbs*): ~ *Trōia* (W 2)

27 **pandere**: W – **Dōricus** h. ~ *Graecus*

29 **Dolopēs** ↗ 2,7 – **tendere** (ein Zelt) spannen, lagern

31 **in-nupta** ~ *nōn nupta* – **exiti-ālis** ↗ *exitium* – **mōlēs** h. Riesenbau

33 **dūcī** (*equum*) – **hortārī**: h. + AcI – **sīc ... ferre** es so mit sich bringen

35 **Capys**: Nom. – (*eī*), **quōrum ... mentī** (*erat*) – **pelagō** (W): S 3d

37 **sub-icere** h. darunterlegen – **-que** h. ~ *-ve* – **terebrāre** anbohren – **uterus**: W – **et temptāre** und (sie so) zu untersuchen – **laté-bra** (M 2b): Versteck

39 **scinditur in-certum** (St 14): wird unsicher und ... sich – **studia** h. Wünsche, Parteien – **prīmus ...**: St 13 – **ibī** ~ *tum* – **caterva**: W

41 **ardēns** (*studiō*) – **procul** (*clāmat*) – **sīc** (44): h. so wenig (erg. *vōbis est*)

Aut hoc inclusi ligno occultantur Achivi,
aut haec in nostros făbricata est māchĭna muros,
inspectura domos venturaque desuper urbi,
aut aliquis lătĕt error; equo ne credite, Teucri!
Quidquid id ést, timeo Danaos et dona ferentīs.‘
Sic fatus validis ingentem viribus hastam
in lătŭs inque feri curvam compagibus alvum
contorsit. Stetit illă tremens, uteroque recusso
insonuēre cavae gemitumque dĕdēre cavernae.
Et, si fata deum, si mens non laeva fuisset,
impulerat ferro Argŏlĭcas foedare latébras,
Troi̯ăque núnc staret, Priamique arx alta maneres.“

T 11 Laokoons Ende (2,199–249)

Um ihre List wirksamer zu machen, schicken die Griechen Sinon nach Troja. Der lässt sich gefangen nehmen, gibt sich als Opfer des rachsüchtigen Odysseus aus und versichert, das hölzerne Pferd sei eine Sühnegabe für die Göttin Athene/Minerva, an der die Griechen gefrevelt hätten: Es sei absichtlich so groß gebaut, damit es nicht zum Schutz der Stadt auf die Burg von Troja geschafft werden könne.

2,199 „Hīc aliud maius miseris multoque tremendum
obicitur magis atque imprōvida pectora turbat.
Lāŏcŏon, ductus Neptuno sorte sacerdos,
sollemnīs taurum ingentem mactabat ad aras.

---

45 **lignum** h. ~ *aedificium lign-eum* – **Achīvī**: W

47 **īn-spicere** hineinsehen; auskundschaften – **dē-super** von oben; *venīre dēsuper* (+ Dat.): (jd) überfallen – **error** h. ~ *fraus* – **et . . . ferentīs** ~ *etiam-sī . . . ferunt*

51 **-que** (S 7b): und weiter – **ferus** h. ~ *equus* – **curvam** (↗ FW) **com-pāgibus** (↗ 1, 293) **alvum** (f.): den krummgefügten/gekrümmten Bauch

52 **con-torquēre** h. ~ *iactāre* – **stetit** ↗ *sistere* – **re-cutere** ~ *con-cutere* – **īn-sonāre** erdröhnen – **gemit-um** (W) **dare** ~ *gemere* – **cavae** (St 13) **. . . cavernae** ↗ 19

54 **mēns** (*nostra*) – **laevus** h. verblendet – **im-pulerat** (statt *impulisset*): h. + Inf. (↗ 1, 11) – **Argolicus** h. ~ *Graecus* – **foed-āre** entstellen; übel zurichten

2, 199 **hīc** ~ *tum* – **miserīs** (*nōbīs*) – **tremendus** h. ~ *terri-bilis* – **ob-icī** h. sich darbieten/zeigen; zur Metrik ↗ SK – **im-prō-vidus** ahnungslos

201 **ductus** h. bestimmt – **sollemnīs** h. für die Opfer hergerichtet – **ārās**: S 5

Ecce autem gemini a Tĕnĕdo tranquilla per alta
– horresco referens – immensis orbibus angues
incumbunt pelago pariterque ad litora tendunt;
pectora quorum inter fluctus arrecta iubaeque
sanguineae superant undas, pars cetera pontum
pone legit sinuatque immensa volumine terga.
Fit sonitus spumante salo; iamque arva tenebant
ardentīsque oculos suffecti sanguine et igni
sibila lambebant linguis vibrantibus ora.

Diffugimus visu exsangues. Illi agmine certo
Lāŏcŏonta petunt; et primum parva duorum
corpora natorum serpens amplexŭs uterque
implicat et miseros morsu depascitur artūs;
post ipsum auxilio subeuntem ac tela ferentem
corripiunt spirisque ligant ingentibus; et iam
bis medium amplexi, bis collo squāmea circum
terga dati superant capite et cervicibus altis.
Ille simul manibus tendit divellere nodos
perfusus sanie vittas atroque veneno,
clamores sĭmŭl horrendos ad sidera tollit,

---

203 **Tenedus**: *īnsula* (↗ 21) – **alta**: S 5 – **horrē-scere** ↗ *horrēre*

204b **orbis** h. Windung – **anguis, -is** (m.): ~ *serpēns* – **in-cumbere** (+ Dat.): h. sich stürzen auf – **pelagō** (W): S 3d – **pariter** h. ~ *ūnā* – **tendere** ~ *con-tendere* (S 6a)

206 **pectora quōrum**: S 8 – **ar-rēcta** (W): erg. *sunt* – **iuba** Mähne, Kamm

207 **sanguin-eus**: W – **superāre** h. hinausragen (über) – **pōne** (Adv.; ~ *post*) **legit** streift hinten über . . . – **sinuat . . . volū-mine** krümmt sich windend (St 13)

209 **spūmāre**: W – **salum** ~ *mare* (W 1) – **arvum**: W – **tenēre** h. erreicht haben

210 **oculōs**: S 4 – **suf-fectus** h. unterlaufen – **ignī**: Abl. (W)

211 **sībilus** zischend – **lambere** lecken – **vibrāre** (FW): zucken

212 **ex-sanguis vīsū** (*-us, -ūs*): blass vor Entsetzen („blutleer“) über den Anblick – **agmine** („Zug“) **certō** h. zielsicher – **Lāocoonta** (auch 230): S 2b

214 **am-plexŭs** (W) **im-plicat** umschlingt eng – **morsus** ↗ *mordēre* – **dē-pāscī** abfressen

216 **auxiliō sub-īre** h. ~ *sub-venīre* – **cor-ripere**: W – **spīra** (FW): Windung – **ligāre** h. einschnüren – **medium**: präd. (erg. *eum*)

218b **squām-eus** schuppig (*squāma* Schuppe) – **circum . . . darī terga** (S 4; + Dat.): sich mit dem Rücken herumringeln (um) – **superant** (*eum*): ↗ 207

220 **tendere** (h. + Inf.): ~ *studēre* – **dī-vellere**: W – **nōdus** Knoten

221 **saniēs, -ēī** Eiter; h. Geifer – **vittās** (W): S 4/5 – **horrendus**: W

Rudolf Hausner: *Großer Laokoon.* Gemälde, 1967.
Im Besitz von S. E. Essa Al-Nowaiser, Botschafter des Königreiches Saudi-Arabien in Wien.

quālīs mugitūs, fūgit cum saucius aram
taurus et incertam excussit cervīce securim.
At gemini lapsu delubra ad summa dracones
effugiunt saevaeque petunt Trītōnidis arcem,
sub pedibusque deae clipeique sub orbe teguntur.

---

223 **mūgītus, -ūs** Gebrüll; *quālīs mūgītūs* (*tollit*) – **fūgit cum**: S 8 – **saucius** verwundet
224 **in-certus** unsicher (geführt) – **cervīce** ~ *cervīcibus*
225 **lāpsus, -ūs** ↗ *lābī* – **dracō, -ōnis** (m.): ~ *serpēns* – **Trītōnidis** ~ Minervae
227 **clipeus**: W – **orbis** h. Wölbung – **teguntur** ~ *sē occultant*

Tum vero tremefacta novus per pectora cunctis
insinuat păvŏr, et scĕlŭs expendisse merentem
Lāocoónta ferunt, sacrum qui cuspide robur
laeserit et tergo sceleratam intorserit hastam.
Ducendum ad sedes simulacrum orandaque divae
numina conclamant.
Dividimus muros et moenia pandimus urbis.
Accingunt omnes operi pedibusque rotarum
subiciunt lapsus, et stuppea vincula collo
intendunt; scandit fatalis māchĭna muros
feta armis. Pueri circum innuptaeque puellae
sacra canunt funemque manu contingere gaudent.
Illa subit mediaeque minans inlabitur urbi.

O patria, ó divum dŏmŭs Īlium et incluta bello
moenia Dardanidum! Quătĕr ipso in limine portae
substitit átque utero sonitum quater arma dedēre.
Instamus tamen immemores caecique furore
et monstrum infelix sacratā sistimus arce.
Tunc etiam fatis aperit Cassandra futuris
ora dei iussu non umquam credita Teucris.
Nos delubra deum miseri, quibus ultimus esset
ille dies, festā velamus fronde per urbem."

---

228 **tum vērō** nun erst recht – **treme-factus** entsetzt – **īn-sinu-āre** (*per*): ~ *in-vādere* (*in*)

229b **ex-péndere** (+ Akk.): büßen (für) – **merentem** (präd.): ~ *meritō* – **ferunt** h. ~ *putant* – **cuspis**: W – **rōbur** (*equī*) – **in-torquēre** (+ Dat.: S 3d): ~ *iactāre*

232 **ad sēdēs** (*dīvae*): ~ *ad templum* – **simulācrum**: d. h. *equum* – **nūmina** (W): S 5 – **ōrāre** ~ *obsecrāre* – **dīvae** ~ *deae* – **con-clāmāre** einstimmig rufen

234 **pandere** (W): h. eine Lücke reißen (in) – **ac-cingere** (h. refl.): sich machen (an) – **pedibus** (*equī*) – **rotārum lāpsūs** ~ *rotās lābentēs* – **stupp-eus** aus Hanf (*stuppa*)

237 **in-tendere** h. festbinden (an: S 3d) – **scandere** (S 6a) **... mūrōs** ~ *ad mūrōs a(d)-scendere* – **fātālis**: W – **fētus** (+ Abl.): trächtig, voll (von) – **armīs** ~ *armātīs*

238b **in-nuptus** ↗ 31 – **sacra** (*carmina*) – **fūnis, -is** (m.): Seil (ital. funi-via)

240 **illa** (*māchina*) – **sub-īre** h. folgen, hinaufrollen (intr.) – **in-lābī** (+ Dat.): S 3d

241 **dīvum**: S 1 – **domus** ~ *sēdēs* – **Īlium** (Nom.Sg.): ~ *Trōia* – **in-clutus**: W

242 **Dardanidum** (W): S 1 – **quater**: W – **sub-sistere** ~ *cōn-sistere* – (*in*) **uterō** (W)

244 **īn-stāre** h. eifrig weitermachen – **im-memorēs** (*ōminum*) – **īnfēlīx** (W): h. akt. – **sistere** ~ *col-locāre* – **fātīs ... futūrīs** (Dat.): ~ *ut rēs futūrās dīcat*

247 **ōra** (S 5) **... crēdita Teucrīs** (W): ~ *ōs, cui Trōiānī ... crēdidērunt*

248 **esset**: kausaler Konj. – **vēlāre** h. bekränzen – **per** h. überall in

V Flucht aus Troja

T 12 Hektors Erscheinung (2,268–297)

In der folgenden Nacht steigen die Griechen, während die von der Siegesfeier berauschten Trojaner tief schlafen, aus dem Bauch des Pferdes und öffnen dem inzwischen zurückgekehrten Heer die Tore Trojas.

„Tempus erat, quo prima quies mortalibus aegris
incipit et dono divum gratissima serpit.
In somnis ecce ante oculos maestissimus Hector
visus adesse mihī largosque effundere fletūs,
raptatus bīgīs ut quondam aterque cruento
pulvere perque pedes traiectus lora tumentīs.
Ei mihĭ, qualis erat, quantum mutatus ab illo
Hectore, qui rĕdĭt exuvias indutus Achilli
vel Danaum Phrygios iaculatus puppibus ignīs,
squalentem barbam et concretos sanguine crinīs
vulneraque illa gerens, quae circum plurima muros
accepit patrios! Ultro flens ipse videbar
compellare virum et maestas expromere voces:
'O lux Dardaniae, spes o fidissima Teucrum,
quae tantae tenuēre morae? Quibus Hector ab oris
exspectate venis? Ut te post multa tuorum
funera, post varios hominumque urbisque labores
defessi aspicimus! Quae causa indigna serenos
foedavit vultūs? Aut cur haec vulnera cerno?'

2, 268 **aeger** h. geplagt – **dīvum**: S 1 – **serpere** h. sich nahen

270 **in somnīs** (S 5): ~ *in somniō* – **ad-esse** h. ~ *appārēre* – **flētus, -ūs** ↗ *flēre*

272a **rapt-āre** wegreißen, rauben; *raptātus* h. geschleift – **bīgae, -ārum** (*bis* + *iugum*): Zweigespann – **raptātus ut quondam** (S 8): ~ *quālis quondam erat, cum raptābātur*

272b **āter** h. „geschwärzt", beschmutzt – **lōrum** Riemen; *trāiectus lōra* (S 4): mit hindurchgezogenen Riemen – **tumēre** ↗ *tumor*

274 **ei** ach, wehe! – (*mūtātus*) **ab** gegenüber – **ex-uviās** (S 4) **ind-ūtus** ~ *ex-uviīs* (W) *ōrnātus* – **Achillī**: h. Genitiv – **Danaum** (W) **Phrygiōs iaculātus** (Depon.) **puppibus** (W; S 3d) **ignīs** ~ *postquam iactāvit facēs Trōiānōrum in nāvēs Danaōrum*

277 **squālēre** starren; schmutzig sein – **con-crētus** (*crēscere*): h. verklebt

278 (*vulnera*) **gerēns** mit . . . – **plūrima** (präd.): S 10b – **vidēbar** (*mihi*): es war mir, als ob ich – **com-pellāre** ansprechen – **ex-prōmere** (S 6b): h. stammeln

281 **ō lūx Dardaniae** (~ *Trōiae*): St 11 – **Teucrum** (W): S 1 – **tenuēre** (*tē*) – **ex-spectāte**: kein Imperativ! – **ut** ~ *quālem* – **indīgnus** h. schmählich – **foed-āre** entstellen

Ille nihil, nec me quaerentem vana moratur,
sed graviter gemitūs imo de pectore ducens:
'Heu fuge, nate deā, teque his', ăĭt, 'eripe flammis!
Hostĭs habet muros; ruit alto a culmine Troia.
Sat patriae Priamoque dătum: si Pergama dextrā
defendi possent, etiam hac defensă fuissent.
Sacra suosque tibī commendat Troia penatīs:
hos cape fatorum comites, his moenia quaere,
magna pererrato statues quae denique ponto!'
Sic ait et manibus vittas Vestamque potentem
aeternumque adytis effert penetralibus ignem."

T 13 Beginn der Flucht (2,671–704; 721–729)

Nachdem schließlich auch die Königsburg von den Griechen erobert und Priamus erschlagen ist, stürmt Aeneas zu seinem Haus zurück, um mit seinem Vater Anchises, seiner Frau Crĕūsa und seinem Sohn Ascanius/Iulus zu fliehen. Aber Anchises weigert sich, seine Heimat zu verlassen. Da sucht Aeneas verzweifelt den Tod im Kampf. – Aeneas setzt seine Erzählung fort:

„Hinc ferro accingor rursus clipeoque sinistram
insertabam aptans meque extra tecta ferebam.
Ecce autem complexa pedes in limine coniunx
haerebat parvumque pătri tendebat Ĭūlum:
'Si periturus abis, et nos rape in ómnia tecum!
Sin aliquam expertus sumptis spem ponis in armis,
hanc primum tutare domum! Cui parvus Ĭūlus,
cui pater et coniunx quondam tua dicta relinquor?'

---

287 **Ille nihil** (*respondit*) – **mē quaerentem vāna** „meine unnützen Fragen" – **morārī** (*alqm*): h. sich kümmern (um jd) – **gemitūs** (W) **dūcere** ~ *gemere*

289 **heu**: W – **nāte deā** ~ *fīlī deae* – **sat . . . datum** ~ *satisfactum* (*est*) – **Pergama** (Pl.): ~ *Trōia* (W 2) – **hāc** ~ *manū meā* – (*dēfēnsa*) **fuissent** ~ *essent*

295 **māgna** (präd.) **. . . quae**: S 8 – **vitta** (W): erg. *Vestae*

297 **adytīs** (*-um*) **. . . penetrālibus** (S 3c): aus dem Innersten des Heiligtums (S 5)

2, 671 **ac-cingī** sich gürten (mit) – **clipeus**: W – **īn-sert-āre** (+ Dat.: S 3d): stecken (in) – **aptāns** anpassend, fest anlegend – **tēcta**: S 5 – **sē ferre** ~ *ferrī* (W)

673 **pedēs** (*meōs*) – **haerēbat** ~ *tenēbat* – **tendere** h. entgegenstrecken

675 **rapere** h. (eilig) mitnehmen – **in omnia** (*perīcula*) – **aliquam** (nach *sīn*): nur eine Spur (von) – **ex-pertus** aufgrund deiner Erfahrung – **sūmptīs** h. ~ *sūmendīs*

677 **tūtārī** ~ *tuērī* – **Ĭūlus, pater** (*relinquitur*) – **dicta** ~ *ego, quae . . . nōmināta sum*

Das Flammenzeichen des Ascanius. Miniatur aus einer spätantiken Vergilhandschrift um 400 (dem Codex Vergilius Vaticanus). Rom, Biblioteca Vaticana.

679 Talia vociferans gemitu tectum omne replebat,
cum subitum dictuque oritur mirabile monstrum:
681 Namque manūs inter maestorumque ora parentum
ecce levis summo de vertice visus Ĭūli
fundere lumen apex, tactuque innoxia mollīs
lambĕrĕ flamma comas et circum tempora pasci.
685 Nos pavidi trepidare metu crinemque flagrantem
excutere et sanctos restinguere fontibus ignīs.

At pater Anchises oculos ad sidera laetus
extulit et caelo palmas cum voce tetendit:

---

679 **vōci-ferārī** (*vōcem ferre*): ~ *clāmāre* – **gemitus**: W – **dictū**: zu **mīrābile**; S 7c
681 **manūs inter**: S 9 – **maestōrumque ōra** (S 7c): ~ *et* (*inter*) *oculōs maestōrum*
682 **levis** (h. dünn): zu **apex, -icis** (m.): Spitze; h. (züngelndes) Flämmchen – **vīsus** (*est*) – **fundere** h. verbreiten – **tāctus, -ūs** ↗ *tangere* – **in-noxia** ~ *quae nōn nocet*
684 **lambere** (be-)lecken – **coma, tempora**: W – **pāscī** h. sich ausbreiten (an)
685 **pav-idus** ↗ *pav-or;* St 13 – **trepidāre**: Inf. historicus; ebenso in 686
686 **ex-cutere** ausschütteln (um die Flammen zu entfernen) – **re-stinguere** h. ~ *ex-stinguere cōnārī* – **fontibus** ~ *aquā* – **caelō**: S 3d – **cum vōce** ~ *vocāns*

'Iuppiter omnipotens, precibus si flecteris ullis,
aspice nos, hoc tantum, et sí pietate meremur,
da deinde auxilium, pater, atque haec omina firma!'

Vix ea fatus erat senior, subitoque fragore
intonuit laevum, et de caelo lapsa per umbras
stella facem ducens multā cum luce cucurrit.
Illam summa super labentem culmina tecti
cernimus Īdaeā claram se condere silvā
signantemque vias; tum longo limite sulcus
dat lucem et late circum lŏcă sulphure fumant.
Hic vero victus genitor se tollit ad auras
adfaturque deos et sanctum sidus adorat:
'Iam iam nulla mora est; sĕquŏr et, qua ducitis, adsum,
di patrii; servate domum, servate nepotem!
Vestrum hoc augurium, vestroque in numine Troia est.
Cedo equidem nec, nate, tibī cŏmĕs ire recuso.'"

Da das verheerende Feuer bedrohlich näher kommt, gibt Aeneas Anweisungen für die Flucht – zunächst für Vater, Sohn und Gemahlin. Den Dienern bestimmt er als Treffpunkt das verlassene Ceres-Heiligtum vor der Stadt, das durch die danebenstehende Zypresse gut zu erkennen ist. Anchises soll die heiligen Geräte und die väterlichen Penaten (↗ zu 1, 6) in die Hand nehmen, die Aeneas selbst, vom Blut des Kampfes befleckt, nicht berühren dürfe (705–720).

---

689 **omni-potēns**: W – **flectere** h. umstimmen
690 **hoc** (adverbialer Akk.) **tantum** nur dies eine Mal – **firmāre** h. bekräftigen
692 **senior** (poet.): ~ *senex* – **subitō-que** (poet.): ~ *cum* (invers[iv]um) *subitō* – **fragor** (*frangere*): Krachen
693 **in-tonat laevum** (innerer Akk.): es donnert zur Linken
694 **fax, -cis** h. Feuerstreifen
696 **Īdaea silva** Idagebirge – **clāram** (präd.): hell-leuchtend – **viās**: S 5
697b **longō līmite** (h. Weg, Bahn) **sulcus** lang gezogene Spur
698a **lūcem dare** ~ *lūcēre* (Vergil liebt Umschreibungen mit dare)
698b **circum**: h. Adv. – **sulphur, -uris** (n.): Schwefel – **fūm-āre** ↗ *fūmus*
699 **hīc** h. ~ *tum* – **sē tollere ad aurās** ~ *surgere* – **ad-fārī**: W
701 **iam iam** ~ *iam* (mit verstärkender Doppelung) – **quā**: W
702 **domus** h. Familie – **vestrum** ~ *ā vōbīs datum* – **nūmen**: W – **tibī** ~ *tēcum*

„Haec fatus latos umeros subiectaque colla
veste super fulvique insternor pelle leonis,
succedoque oneri; dextrae se parvus Ĭūlus
implicuit sequiturque pătrem non passibus aequis.
Pone subit coniunx. Ferimur per opāca locorum,
et me, quem dudum non ulla iniecta movebant
tela neque adverso glomerati examine Grāi,
nunc omnes terrent aurae, sŏnŭs excitat omnis
suspensum et pariter comitique onerique timentem."

T 14 Verzweifeltes Suchen (2,771–794)

Als die Flüchtlinge schon nahe dem Stadttor sind, hören sie plötzlich in der Nähe verdächtige Geräusche; nun flieht Aeneas mit Vater und Sohn kopflos. Den Verlust seiner Gattin bemerkt er erst am vereinbarten Treffpunkt, dem Ceres-Heiligtum. Sofort stürzt Aeneas allein in die Stadt zurück, um Crĕūsa zu suchen.

„Quaerenti et tectis urbis sine fine ruenti
infelix simulacrum atque ípsĭus umbra Crĕūsae
visa mihi ante oculos et notā maior imago.
Obstipui, stetĕruntque comae et vox faucibus haesit.
Tum sic adfari et curas his demere dictis:

---

721 **sub-iecta** h. gebeugt – **colla**: S 5

722 **vestis** f. Decke, Tuch – **super** (Adv.): darüber – **fulvī-que** (W): S 7a/c – **īn-sternī** (+ Abl.): h. sich (mit etw.) bedecken

723 **suc-cēdere** (+ Dat.): „unter (etw.) gehen"; h. (etw.) auf sich nehmen – **sē im-plicāre** (*-uī*; + Dat.: S 3d): „sich hineinflechten (in)"; sich festhalten (an)

725 **pōne** ~ *post* (*mē*) – **subit** ~ *sequitur* – **ferrī**: W – **opācus** schattig, dunkel; *opāca locōrum* ~ *opāca loca*

726 **dūdum** h. kurz zuvor

727 **glomerāre**: W – **ad-versō ex-āmine** in/zu feindlicher Schar – **Grāī** ~ *Graecī* (W 2)

729 **sus-pēnsum** (St 14): in meiner Unruhe – **-que . . . -que**: W

2, 771 **tēctīs** (S 3b): ~ *inter domūs* – **sine fine** h. ohne (festes) Ziel (vor Augen) – **ruentī**: zu **mihi** (773) – **īn-fēlīx** (W): St 5 – **atque**: S 7a – **nōtā** (~ *ipsā*) **māior** überlebensgroß

774 **ob-stipē-scere** (*stupēre*): erstarren, sich entsetzen – **coma**: W – (*in*) **faucibus**

775 (*mē*) **ad-fārī** (W) und **dēmere**: Inf. historicus

'Quid tantum insano iŭvăt indulgere dolori,
o dulcis coniunx? Non haec sine numine divum
eveniunt; nec te comitem hinc portare Crĕūsam
fas, aut ille sinit superi regnator Olympi.
Longa tibi exilia et vastum mărĭs aequor arandum,
et terram Hesperiam venies, ubĭ Lȳdius arva
inter opīma virum leni flŭĭt agmine Thybris.
Illic res laetae regnumque et regia coniunx
parta tibī; lacrimas dilectae pelle Crĕūsae!
Non ego Myrmĭdŏnum sedes Dŏlŏpumve superbas
aspiciam aut Graīs servītum matribus ibo,
Dardanĭs et divae Veneris nŭrŭs;
Sed me magna deum genetrix his detinet oris.
Iamque vale, ét nati serva communis amorem!'

Haec ubĭ dicta dedit, lacrimantem et multa volentem
dicere deseruit, tenuīsque recessit in auras.
Ter conatus ibi collo dărĕ bracchia circum,
ter frustra comprensa manūs effugit imago,
par levibus ventis volucríque simillima somno."

---

777 **nūmen**: W – **dīvum**: S 1
778 **portāre** (S 6a): h. wegbringen – **fās** (*est*) – **aut** ~ *nec* – **superus** (↗ *superī*): h. hochragend – **rēgnā-tor** ~ *rēx*
780 **longa tibi** (*erunt*) – **exilia** h. ~ *errōrēs* – **arāre** h. durchqueren (St 10)
781 **terram**: S 3a – **Hesperia** ~ *Ītalia* (W 2) – **Lȳdius** lydisch; etruskisch – **arvum**: W
782 **inter**: S 9 – **opīmus** fruchtbar – **agmen** h. Strömung – **Thybris** ~ *Tĭberis*
783 **laetae** h. ~ *secundae, fēlīcēs*
784 **parta** (erg. *est*; auf das zunächst stehende *coniunx* [783] bezogen): h. ist schon da, wartet auf dich – **pelle** h. trockne – **Creūsae**: gen. obiect. (um . . .)
785 **Myrmidonum . . . Dolopum-ve** ↗ 2,7 – **aut** ↗ 779 – **Grāī** ~ *Graecī* (W 2)
787 **Dardanis** (f.): trojanische Königstochter (N) – **nurus, -ūs** Schwiegertochter
788 **deum**: S 1 – **gene-trīx** ~ *māter* – **dē-tinēre** ~ *re-tinēre*
790 **haec ubĭ dicta dedit** ~ *ubi haec dīxit* – **lacrimantem** (W): erg. *mē* – **ter**: W
792 **cōnātus** (*sum*) – **dare . . . circum** ~ *circum-dare* (+ Dat.: um . . .; ↗ 218/9)
793 **com-prēnsa** ~ *com-prehēnsa* – **vólu-cer, -cris, -cre** geflügelt, flüchtig

T 15 **Das Ziel vor Augen** (3,521–532; 537–543a)

Nach misslungenen Versuchen, sich im griechischen Raum niederzulassen – so erzählt Aeneas weiter –, segeln die Trojaner, von Verheißungen geleitet, vom Hafen Buthrōtum in Epīrus (↗ K) über die Adria.

„Iamque rŭbescebat stellis Aurora fugatis,
cum procul obscuros collīs humilemque videmus
Italiam. Italiam primus conclamat Achates,
Italiam laeto socii clamore salutant.
Tum pater Anchises magnum cratēră coronā
induit implevitque mĕro, divosque vocavit
stans celsa in puppi:
,Di mărīs et terrae tempestatumque potentes,
ferte viam vento facilem et spirate secundi!'
Crebrescunt optatae aurae portusque patescit
iam propior, templumque apparet in arce Minervae.
Vela legunt socii et proras ad litora torquent."

Es folgt eine kurze Beschreibung des Hafens (533–536).

„Quattuor hic, primum omen, equos in gramine vidi
tondentīs campum late, candore nivali.
Et pater Anchīses: ,Bellum, o terra hospita, portas:
Bello armantur equi, bellum haec armenta minantur.
Sed tămĕn īdem olim curru succedere sueti
quadripedes et frena iugo concordia ferre:
spes et pacis', ăit."

3, 521 **rubē-scere** ↗ *ruber* – **con-clāmāre** ~ *māgnā vōce clāmāre*

525 **crātēr, -ēris** (griech.; S 2b): Mischkrug – **ind-uere** h. ~ *ōrnāre* – **merus** rein, ungemischt; *merō* (*vīnō*) – **puppis**: W

528 **potēns** (+ Gen.): herrschend (über) – **ferte** (*nōbīs*) – **ventō**: Abl. – **spīrāte** (h. weht): d. h. die Windgötter – **secundī**: präd.

530 **crēbrē-scere** ↗ *crēber* – **aurae**: statt *ventī* – **patē-scere** ↗ *patēre*

532 (*vēla*) **legere** h. einholen – **prōra** (griech.): Bug (des Schiffes)

537 **grāmen** Gras – **tondentīs** ~ *pāscentēs* – **cand-or** ↗ *cand-idus* – **niv-ālis** ↗ *nix, nivis*

539 **Anchīsēs ... ait** (543) – **hospitus** gastlich – **armenta, -ōrum** große Weidetiere; Herde (meist Rinder, selten Pferde)

541 **īdem** (Pl.): h. dann wieder – **ōlim** (poet.): ~ *interdum* – **currū** (Dat.; S 3d) **suc-cēdere** sich vor den Wagen spannen lassen – (*cōn-*)**suētī** (S 6a): erg. *sunt*

542 **quadri-pedēs** ~ *equī* – (*sub*) **iugō** – **con-cors, -cordis**: St 5 – **et**(*iam*) **pācis** (*est*)

VI Didos Liebe

T 16 Dido und Anna (4,1–55; 68–89)

Aeneas hat soeben seine Erzählung in B.2 und 3 beendet.

At regina gravi iam dudum saucia curā
vulnus alit vēnīs et caeco carpitur igni.
Multa viri virtus animo multusque recursat
gentis honos; haerent infixi pectore vultus
verbaque néc placidam membris dat cura quietem.

Posteră Phoebeā lustrabat lampade terras
umentemque Aurora polo dimoverat umbram,
cum sic unanimam adloquitur mălĕ sana sororem:
„Anna soror, quae me suspensam insomnia terrent!
Quis novus hic nostris successit sedibus hospes,
quem sese ore ferens, quam forti pectore et armis!
Credo equidem (nec vana fides) genus esse deorum.
Degeneres animos tĭmŏr arguit. Heu, quibus ille
iactatus fatis! Quae bella exhausta canebat!

4, 1 **saucius** verwundet – **cūra** h. Liebesqual – **vēnīs**: instrumental S 3b

2b **caecus** (h. pass.): unsichtbar – **carpī** h. sich verzehren – **īgnī**: Abl.

3 **multus** h. vielfach bewährt – **animō** (S 3b) **... re-cursāre** (Frequentativum): h. (immer wieder) in den Sinn kommen

4 **īn-fīxī** (*in*) **pectore**

6 **posteră ... Aurōra** ~ *posterō diē ... Aurōra* – **lūstrāre** erhellen – **lampas, -adis** (f.; griech.): Fackel; *Phoeb-ēa ... lampas* (St 10): ~ *lūx Sōlis*

7 **ūmēre** ↗ *ūmor* – **dī-mōverat** ~ *iam re-mōverat*

8 **ūn-animus** einmütig, innig vertraut – **ad-loquī**: W – **male sānus** leidend, verstört

9 **sus-pēnsus** (*sus-péndere*): h. verwirrt, ängstlich (St 14) – **īn-somnium** ~ *somnium*

10 **quis** h. ~ *quālis* – **novus** h. ungewöhnlich – **hĭc** h. „da“ – **succēdere** (+ Dat.: S 3d): ~ *ap-propinquāre*

11 **quem** (~ *quālem*) **sē ōre ferēns** (~ *praestāns*): mit was für einem edlen Ausdruck – (*fortibus*) **armīs**

12 **vāna** (*est*) – **genus** ~ (*eum esse*) *prō-geniem*

13a **dē-gener, -eris** unedel – **arguere** h. überführen (~ *co-arguere*: S 6a)

13b **heu**: W – **iactātus** (*est*) – **ex-haurīre** h. bis zum bitteren Ende durchstehen

Si mihi non animo fixum immotumque sederet,
ne cui me vinclo vellem sociare iugali,
postquam primus amor deceptam morte fefellit,
si non pertaesum thalami taedaeque fuisset,
huic uni forsan potui succumbere culpae.
Anna (fatebor enim) miseri post fata Sychaei
coniugis et sparsos fraterna caede penatīs
solus hĭc inflexit sensūs animumque labantem
impulit. Agnosco veteris vestigia flammae.

Sed mihi vel tellūs optem prius ima dehiscat
vel pater omnipotens adigat me fulmine ad umbras,
pallentīs umbras Erebo noctemque profundam,
ante, pudor, quam te violo aut tua iura resolvo.
Ille meos, primus qui me sibi iunxit, amores
abstulit; ille habeat secum servetque sepulcro."

Sic effata sinum lăcrimis implevit obortis.
Anna refert: „O luce magis dilecta sorori,
solane perpetuā maerens carpēre iuventā
nec dulcīs natos Veneris nec praemia noris?
Id cinerem aut mānīs credis curare sepultos?

---

15 **fīxum im-mōtum-que** (St 13) **sedet** es steht unbeirrbar fest
16 **vinc-(*u*)lum iug-āle** Ehebund – **sē sociāre** (+ Dat.): ~ *sē con-iungere;* S 10b
17 (*mē*) **morte dē-ceptam** ~ *coniuge spoliātam* – **fallere** h. enttäuschen
18 **per-taesum fuisset** ~ (*mē*) *taeduisset* – **thalamus**: W – **taeda** Kienspan; (Metonymie:) Hochzeit(sfackel) – **fors(*it*)an – potuī**: Realis
20 **fāta** (S 5): ~ *mortem* – (*post*) **sparsōs ... penātīs** ~ *postquam penātēs sparsī* (h. befleckt) *sunt* – **frāter-na caedēs** h. vom Bruder verübte Mordtat (am Gatten)
22 **īn-flectere** (S 6b): h. ~ *flectere* – **lăbāre** wanken; *labantem* sodass ... (St 14)
24 **dē-hī-scere** (↗ FW Hiat): sich auftun – **prius ... optem** (*dēhīscat*): eher soll ...
25 **omni-potēns**: W – **ad-igere** h. ~ *dē-icere* – **pallēre** „fahl" sein – **Erebus** Unterwelt (S 3b) – **ante**: Wiederaufnahme von 24 *prius* – **re-solvere** h. ~ *rumpere*
28 **meōs ... amōrēs**: verstärkender Plur. („all m. L.") – **prīmus quī**: S 8 – **habeat** (*eōs*)
30 **ef-fārī**: W – **ob-orīrī** (S 6b): h. hervorquellen
31 **re-fert** ~ *re-spondet* – **ō lūce** (St 10) **magis dī-lēcta sorōrī** ~ *ō* (W) *Dīdō ā sorōre magis dī-lēcta quam vīta*
32 **sōla** h. als Witwe – **carpēre** (~ *carpēris*): ~ *tē carpēs* (↗ 2) – **iuventā** ~ *iuventūte*
33 **Veneris nec**: S 8 – **praemia** h. ~ *gaudia* – **nō(*ve*)ris**
34 **mānēs** die Totengeister, die Seelen (der Toten) – **sepultōs**: statt *sepultōrum*

Esto: aegram nulli quondam flexere mariti:
non Libyae, non ante Tyro; despectus Ĭarbas
ductoresque alii, quos Africa terra triumphis
dives alit: placitone etiam pugnabis amori?
Nec venit in mentem, quorum consederis arvis?
Hinc Gaetūlae urbes, gĕnŭs insuperabile bello,
et Numidae infreni cingunt et inhóspita Syrtis;
hinc deserta siti rĕgio lateque furentes
Barcaei. Quid bella Tyro surgentia dicam
germanique minas?

Dis equidem auspicibus rĕŏr et Iunone secunda
hunc cursum Iliacas vento tenuisse carinas.
Quam tu urbem, sŏrŏr, hanc cernes, quae surgere regna
coniugio tali! Teucrum comitantibus armis
Punica se quantis attollet gloria rebus!
Tu modo posce deos veniam sacrisque litatis
indulge hospitio causasque innecte morandi,
dum pelago desaevit hiems et aquosus Orīon,
quassataeque rates, dum non tractabile caelum!"
His dictis incensum animum flammavit amore
spemque dedit dubiae menti solvitque pudorem.

---

35 **estō** h. es sei so; gut! – **aegram** ~ *cum aegră* (in Trauer) *fuistī* – (*tē*) **flexēre** – **marītus** h. Freier (St 14) – **Libyae** (Gen.): ~ *in Āfricā* – (*ex urbe*) **Tyrō** – **dē-spectus** (*ā tē est*) – **Ĭarbās** (Nom.): *rēx Gaetūlōrum* (40) – **duc-tor**: W – **dīves**: h. + Abl.

38b **placitō** ~ *grātō* – **pugnāre** (+ Dat.; griech.): ~ *pugnāre cum*; h. ~ *resistere velle*

39 **hinc** ~ *alterā* (*ex*) *parte* – **Gaetūlus**: Adj. zu *Gaetūlī* (*gēns Āfricae*) – **īn-superā-bilis**

41 **Numidae**: *gēns Āfricae* – **īn-frēnus** h. ohne Zügel (reitend) – **cingunt** (*nōs*) – **in-hospit-us** ungastlich – **Syrtis** Syrte (*sinus Āfricae*)

42 **hinc** ↗ 40 – **sitī** h. aus Wassermangel – **lātē furentēs** ~ *tōtam regiōnem bellīs sollicitantēs* – **Barcaeī**: *gēns Āfricae* – **Tyrō** ↗ 36 – **germānus** ~ *frāter*

45 **au-spex, -icis** „Vogelschauer"; Anführer; *dīs* ... *auspicibus* ~ *dīs ducibus*

46 **hunc**: h. statt *hūc* – **Īli-acus** ~ *Trōi-ānus* (W 2) – **carīna**: W – **quam/quae** (präd.): zu welcher Pracht/Größe – **con-iug-ium** Ehe

48b **Teucrum** (W): S 1 – **Pūnicus** punisch – **attollere**: W – **rēbus** (*gestīs*)

50 **venia** h. huldvolle Erlaubnis – **sacra litāre** Opfer unter günstigen Vorzeichen darbringen – **in-dulgēre** h. ~ *sē dare* – **in-nectere** h. ~ *fingere*

52 **pelagus**: W – **dē-saevīre** (W): h. sich ganz austoben – **aqu-ōsus** regenreich

53 **quassāre** h. leckschlagen – **nōn tractā-bilis** unwirtlich, ungeeignet (für die Seefahrt)

54 **flammāre** ~ *īn-flammāre* (S 6a)

Gebete sollen die Götter gnädig stimmen, Opfer die Zukunft enthüllen (56–67).

Uritur infelix Dido totāque vagatur
urbe furens, qualis coniectā cerva sagittā,
quam procul incautam nemora inter Cresia fixit
pastor agens telis liquitque volatile ferrum
nescius; illa fugā silvas saltusque peragrat
Dictaeos; haeret lateri letalis harundo.
Nunc media Aenean secum per moenia ducit
Sidoniasque ostentat opes urbemque paratam,
incipit effari mediaque in voce resistit;
nunc eadem labente die convivia quaerit,
Iliacosque iterum demens audire labores
exposcit pendetque iterum narrantis ab ore.

Post ubi digressi lumenque obscura vicissim
lună premit suadentque cadentia sidera somnos,
sola domo maeret vacuā stratisque relictis
incŭbăt. Illum absens absentem auditque videtque,
aut gremio Ascanium genitoris imagine captă
detinet, infandum si fallere possit amorem.

---

68 **īnfēlīx**: W – **quālis** ~ *ut* – **cerva** Hirschkuh, Hindin

70 **procul** h. von ferne – **in-cautam** (präd.): *quia cauta nōn erat* – **Crēsius** ~ *Crēticus* – **fīgere** h. treffen

71 **agere** h. ~ *agitāre* – **linquere**: W – **volā-tilis** geflügelt – **ne-scius**: präd.

72b **per-agrāre** (*ager*): durchstreifen – **Dictaeus** ~ *Crēticus* – **laterī** ~ *in latere* – **lēt-ālis** ↗ *lētum* – **harundō, -inis** Schilfrohr; Pfeil

74 **nunc ... nunc** (77): ~ *modo ... modo* – **Aenēān**: S 2a

75 **Sīdonius** ~ *Carthāginiēnsis* – **parātam** (*Aeneadīs accipiendīs*) – **ef-fārī**: W

77 **eădem** (fem.): h. „wieder“ – **lābī** h. zu Ende gehen – **quaerere** h. sinnen (auf)

78 **dēmēns**: präd. – **ex-poscere** mit Nachdruck verlangen

80 **dī-gressī** (*sunt*) – **obscūrus** h. verblassend (St 14) – **vicissim** h. seinerseits, ebenfalls (wie die Sonne am Abend)

81 **premere** h. abschwächen, trüben – **suādentque cadentia ...** ↗ 2,9

82 (*in*) **domō ... vacuā – strātīs** (W) **relictīs** ~ *strātō* (*ab Aenēā*) *relictō* – **in-cubāre** (+ Dat.): sich legen (auf) – **-que ... -que**: W

85 **dē-tinēre** ~ *re-tinēre* – **īn-fandus**: W – **sī** (S 8): h. ob vielleicht – **fallere** (+ Akk.): h. sich hinwegtäuschen (über); (etw.) unterdrücken

86 Non coeptae adsurgunt turres, non arma iuventus
exercet portusve aut propugnacula bello
tuta parant: Pendent opera interrupta minaeque
murorum ingentes aequataque machina caelo.

T 17 Begegnung in der Höhle (4,129–172)

Juno will Aeneas durch die Ehe mit Dido von Italien fernhalten und bietet Venus ein „Bündnis“ an; diese durchschaut die List, beruft sich aber auf Jupiters nötige Zustimmung. Da lässt Juno Aeneas und Dido bei einer Jagd zusammentreffen:

4,129 Oceanum interea surgens Aurora reliquit.
It portis iŭbăre exorto delecta iuventus;
retia rara, plagae, lato venabula ferro,
Massȳlique ruunt equites et odōra canum vis.
133 Reginam thalamo cunctantem ad limina primi
Poenorum exspectant, ostroque insignis et auro
135 stat sonipes ac frena ferox spumantia mandit.
Tandem progreditur magnā stipante catervā
Sidoniam picto chlămȳdem circúmdata limbo;
cui phărĕtra ex auro, crines nodantur in aurum,
aurea purpuream subnectit fibula vestem.

---

86 **ad-surgere**: S 6b – **prō-pūgnā-culum** Bollwerk – **bellō** (für . . .): zu **parant** (Plural, weil *iuventūs* ~ *iuvenēs*)

88b **opera** ~ *aedificia* – **pendent inter-rupta** h. bleiben unvollendet

88c **mĭnae** (*mōns*): „die Hochragenden“; Zinnen – **māchina** (griech; FW): h. Baugerüst – **aequātus . . . caelō** (S 3d): bis in den Himmel erhoben; himmelhoch (St 8)

4, 130 **iubar, -aris** (n.): (strahlendes) Licht – **ex-orīrī**: S 6b

131 **rēte, -is** (n.): Netz – **rārus** h. weitmaschig – **plăga** (engmaschiges) Netz, Garn – **vēnā-bulum** Jagdspieß – **rētia . . . vēnābula**: sc. *sunt*

132 **Massȳlus** ~ *Āfricānus* – **odōrus** (h. akt.): spürend, witternd; St 5

133 **thalamus**: W – **ostrum** Purpur(decke) – **soni-pēs** mit dem Huf tönend/scharrend; Pferd – **spūmāre**: W – **mándere** (+ Akk.): (zer)kauen, beißen (auf)

136 **prō-greditur** ~ *prōd-it Dīdō* – **stīpāre** sich herumdrängen – **caterva**: W

137 **Sīdon-ius** ~ *purpur-eus* – **pictus** ↗ 1,708 – **chlamys, -ydis** (f.; griech.): Mantel (+ abl. qual.) – **circum-darī** sich (etw.) anlegen/anziehen – **limbus** Saum; S 10b

138 **cui** (*est*) – **pharĕtra** (griech.): Köcher – **nōd-antur in aurum** sie sind in ein goldenes Netz gefasst – **sub-nectere** (unten) zusammenhalten – **fībula** (FW): Spange

Nec non et Phrygii comites et laetus Ĭūlus
incedunt. Ipse ante alios pulcherrimus omnīs
infert se socium Aeneas atque agmina iungit.
Qualis ubi hibernam Lўcĭam Xanthique fluenta
deserit ac Dēlum maternam invisit Apollo
instauratque choros, mixtique altaria circum
Cretesque Drўŏpesquĕ fremunt pictique Ăgăthyrsi;
ipse iugis Cynthi graditur mollique fluentem
fronde premit crinem fingens atque implicat auro,
tela sonant umeris: haud illo segnior ibat
Aeneas, tantum egregio decus enitet ore.
Postquam altos ventum in montīs atque invia lustra,
ecce ferae saxi deiectae vertice caprae
decurrēre iugis; alia de parte patentīs
transmittunt cursu campos atque agmina cervi
pulverulentă fugā glomerant montisque relinquunt.
At puer Ascanius mediis in vallibus acri
gaudet equo iamque hos cursu, iam praeterit illos,
spumantemque dari pecora inter inertia votis
optăt ăprum aut fulvum descendere monte leonem.

---

140 **nec nōn** (St 9) **et** und auch – **Phrygiī**: W

142 **īn-fert sē socium** reiht sich als Gefährte ein – **iungere** h. versammeln (als *dux*)

143 **Quālis** (*est Apollō* [144],) **ubī** (~ *sī*) – **hībernus**: W – **Xanthus**: *flūmen in Lyciā* – **fluenta, -ōrum** Fluten – **māter-nus** ↗ *māter* – **in-vīsere**: S 6b

145 **īn-staurāre** ~ *dēnuō īnstruere* – **chŏrus** Reigen – **altāria** (~ *ārās*) **circum**: S 9

146 **-que** (h. lang zu messen) **... -que**: W – **Dryopēs** (-per): *gēns Graeciae* – **fremere** h. sich tummeln – **pictus** h. tätowiert – **Agathyrsī**: *gēns Scythārum*

147 **Cynthus**: *mōns in īnsulā Dēlō situs* – **gradī** h. ~ *dē-gredī* (S 6a); analog (*dē-*)*fluentem* – **mollis** h. biegsam – **frōns** h. Kranz (aus Lorbeerzweigen)

148b **fingēns atque** (S 8): und indem er (das Laub über der Stirn) zurechtlegt – **im-plicāre** „einflechten"; h. ~ *circumdare* – **aurō** ~ *corōnā aur-eā*

149 **sēgnis, -e** langsam, träge – **haud illō sēgnior**: Variation statt *tālis* (↗ 143 *Quālis*)

150 **decus** h. ~ *pulchritūdō* – **ē-nitēre ōre** ~ *nitēre ex ōre* (S 3e)

151 **ventum** (*est*): ~ *vēnērunt* – **in-vius** unwegsam – **lustrum** Morast; h. Jagdgrund

152 **dē-iectus** (+ abl. separativus): heruntergejagt (von)

153 **aliā dē parte** auf der anderen Seite – **trāns-mittunt** (intrans.): ~ *trāns-currunt*

155 **pulver-ulentus** ↗ *pulvis* – **agmina ... glomerāre** (W): dichte Rudel bilden

157 **iam ... iam** bald ... bald – **hōs ... illōs** ~ *aliōs ... aliōs* – **praeter-īre** h. überholen

158 **spūmāre**: W – **in-ers** h. ~ *timidus* – (*cum*) **vōtīs** unter Gelübden

159 **optat**: (unkl.) + AcI – **aper, aprī** „Eber" – **fulvus**: W

Dido und Aeneas. Römisches Mosaik aus Low Ham. 4. Jh. n. Chr. Taunton, Somerset County Museum.

Interea magno misceri murmure caelum
incipit, insequitur commixta grandine nimbus,
et Tyrii comites passim et Troiana iuventus
Dardaniusque nepos Veneris diversa per agros
tecta metu petiēre; ruunt de montibus amnes.
Speluncam Dīdō dux et Troianus eandem
deveniunt. Prima et Tellūs et pronuba Iuno
dant signum; fulsēre ignes et conscius aether
conūbiis summoque ulularunt vertice Nymphae.

---

160 **miscērī** in Aufruhr geraten – **murmur**: W – **com-mixta**: S 6b – **grandō, -inis** (f.): Hagel – **nimbus** Regenwolke; Unwetter – **Tyriī, Dardanius**: W

165 **spēlunca** (FW): Grotte, Höhle – **dux et**: S 8 – **dē-venīre** ~ *per-venīre*

166b **prō-nuba** Brautführerin; h. Ehestifterin – **īgnis**: W – **cōn-scius** (präd.): + Dat. – **aethēr**: W – **cōnūbiīs**: M 3d – **ululāre** aufheulen; laut klagen

Ille dies primus leti primusque malorum
causa fuit; neque enim specie famave movetur
nec iam furtivum Dido meditatur amorem:
coniugium vŏcăt, hoc praetexit nomine culpam.

VII Didos Untergang

T 18 Fama (4,173–195)

Extemplo Lĭbўae magnas it Fama per urbes,
Fama, malum qua non aliud velocius ullum:
mobilitate viget vīrīsque adquirit eundo,
parva metu primo, mox sese attollit in auras
ingrediturque sŏlo, et căpŭt inter nubila condit.
Illam Terra parens ira inritata deorum
extremam, ut perhibent, Coeo Enceladoque sororem
progenuit pedibus celerem et pernicibus alis,
monstrum horrendum ingens, cui, quot sunt corpore plumae,
tot vigiles oculi subter – mirabile dictu –
tot linguae, totidem ora sonant, tot subrigit aurīs.
Nocte volat caeli medio terraeque per umbram
stridens, nec dulci declīnat lumina somno;

---

169 **prīmus** (präd.): statt *prīma* – **speciē fāmā-ve** durch (Rücksicht auf) den äußeren Schein und das Gerede

171 **fūrt-īvus** heimlich

172 **con-iugium** ↗ *coniu(n)x* – **prae-texere** „vorne an-weben“, beschönigen

4, 173 **ex-templō** ~ *statim* – **Libyae** ~ *Āfricae*

175 **mōbil-itās** ↗ *mōbilis* – **prīmō**: Adv. – **at-tollere**: W – **nūbila** ~ *nūbēs* (Pl.)

179 **extrēmam**: präd. – **ut per-hibent** ~ *ut trādunt* – **Coeus**: ein Titan – **Enceladus**: ein Gigant – **prō-gignere**: S 6b – **pernīx, -īcis** schnell, hurtig

181 **horrendus**: W – (*in*) **corpore** – **plūma** Feder

182 **vigil** (h. Adj.): wachsam – **sub-ter** darunter (unter den Federn) – **oculī . . . linguae**: erg. *sunt* – **totidem**: W – **sub-rigere** (unkl.): aufrichten

184 **caelī mediō terrae-que** ~ *inter caelum et terram* – **strīd-ēre** zischen, schwirren – **dulcī dēclīnat lūmina somnō** ~ *oculōs claudit, ut dulciter dormiat*

luce sedet custos aut summi culmine tecti
turribus aut altis et magnas territat urbes,
tam ficti pravique tĕnax quam nuntia veri.

Anja Eckert: *Fama.*
Schülerzeichnung, 1985.

Haec tum multĭplici populos sermone replebat
gaudens, et pariter facta atque infecta canebat:
venisse Aenean Troiano sanguine cretum,
cui se pulchra viro dignetur iungere Dido;
nunc hiemem inter se luxu, quam longa, fovere
regnorum immemores turpique cupidine captos.
Haec passim dea foeda virum diffundit in ora.

---

186 **lūce** ~ *interdiū* – **turribus aut**: S 8 – **terr-itāre**: Intensivum/Frequentativum zu *terrēre* – **ten-āx, -ācis** (+ Gen.): zäh festhaltend (an)

189 **Haec** ~ *Fāma* – **multi-plex (-icis)**: ↗ *du-plex* – **re-plēre** ~ *com-plēre* – **īn-fectus** ~ *nōn factus* – **canere** h. verkünden

191 **Aenēān**: S 2a – **crētus** (*crē-scere*; + Abl.): entsprossen (aus) – **cui . . . virō**: statt *virum, cui* – **dīgnārī** nicht unter seiner Würde halten; sich herbeilassen

193 (*eōs*) **inter sē fovēre** (W): h. es sich gut gehen lassen – (*per*) **hiemem, . . . quam longa** (*sit*: wie . . . auch . . .) – **im-memor** ~ *nōn memor*

195 **virum**: S 1 – **dif-fundere** ausstreuen

T 19 Merkur bei Aeneas (4,259–295)

Jupiter sendet den Götterboten Merkur zu Aeneas, um ihn zur sofortigen Weiterfahrt nach Italien zu mahnen.

4,259 Ut primum ālātis tetigit māgālia plantis,
Aenean fundantem arces et tecta novantem
261 conspicit. Atque illi stellatus ĭáspide fulvā
ensis erat Tyrioque ardebat murice laena
demissa ex umeris, dives quae munera Dido
fecerat et tenui telas discreverat auro.

265 Continuo invadit: „Tu nunc Karthaginis altae
fundamenta locas pulchramque uxorius urbem
exstrŭĭs? Heu, regni rerumque oblite tuarum!
Ipse deum tibi me claro demittit Olympo
regnator, caelum et terras qui numine torquet,
270 ipse haec ferre iubet celerīs mandata per auras:
‚Quid strŭĭs? Aut qua spe Lĭbўcis teris otia terris?
272 Si te nulla movet tantarum gloria rerum,
274 Ascanium surgentem et spes heredis Ĭūli
275 respice, cui regnum Italiae Romanaque tellus
debetur.'" Tali Cyllēnius ore locutus
mortalīs visūs medio sermone reliquit
et procul in tenuem ex oculis evanuit auram.

4, 259 **ālā-tus** ↗ *āla* – **māgālia, -ium** (phönikisch): Nomadenhütten; Hütten der Vorstadt – **planta** h. Sohle, Sandale
260 **Aenēān**: S 2a – **fundāre** (FW): gründen, bauen – **nov-āre** h. neu anlegen
261 **stellā-tus** (wie ein Stern) funkelnd – **ĭaspis** (dreisilbig), **-idis** (f.): Jaspis (grüner Halbedelstein) – **fulvus, ēnsis, Tyrius**: W
262b **ardēbat** h. ~ *fulgēbat* – **mūrex** (**-icis**; m.): ~ *purpura* – **laena** (griech.): Mantel
263 **dīves quae mūnera** (S 8): statt *mūnera, quae dīves . . .*
264 **et . . .**: lose angehängter Satz (statt „wobei sie . . .") – **tē-la** (von **tex-la*): Gewebe – **dis-cernere** h. durchwirken – **aurum** h. Goldfaden
265 **con-tinuō** ~ *statim* – **in-vādere** h. anfahren (*eum*)
266 **uxōr-ius** (präd.): der Ehefrau untertan; „Weiberknecht" – **heu**: W
268 **deum . . . rēgnātor** ~ *rēx deōrum* – **torquēre** h. ~ *regere*
271 **struere** h. planen – **Libycus**: W – **ōtia** (S 5) **terere** Zeit vergeuden
272 **Sī nūlla . . .** Wenn schon überhaupt nicht . . . – **surgere** h. ~ *adulēscere* – **et**: S 7a
276 **tālī . . . ōre** ~ *tālī ōrātiōne* – **Cyllēnius** ~ *Mercūrius*
277 **mortālīs vīsūs** ~ *oculōs mortālium* – **ē-vānē-scere** entschwinden

At vero Aeneas aspectu obmutuit amens,
arrectaeque horrore comae, et vox faucibus haesit.
Ardet abire fugā dulcīsque relinquere terras,
attonitus tanto monitu imperioque deorum.
Heu quid agat? Quo nunc reginam ambire furentem
audeat adfatu? Quae prima exordia sumat?
Atque animum nunc huc celerem, nunc dividit illuc
in partīsque rapit varias perque omnia versat.

Haec alternanti potior sententia visa est:
Mnesthĕă Sergestumque vocat fortemque Serestum,
classem aptent taciti sociosque ad litora cogant,
arma părent, et, quae rebus sit causa novandis,
dissimulent; sese interea, quando optima Dido
nesciat et tantos rumpi non speret amores,
temptaturum aditūs et quae mollissima fandi
tempora, quis rebus dexter modus. Ocius omnes
imperio laeti pārent et iussa facessunt.

---

279 **ob-mūtē-scere** ↗ *mūtus* – **ā-mēns** h. von Sinnen

280 **ar-rigere**: W – **coma**: W; zur Formelhaftigkeit des Verses ↗ zu 2,774

281 **ardēre** h. darauf brennen (zu) – **at-tonitus** bestürzt – **monitus, -ūs** ↗ *monēre*

283 **agat** (284 *audeat, sūmat*): Der Konj. bezeichnet Gedanken des Aeneas („sollte"). – **amb-īre** (+ Akk.): ~ *appropinquāre* (+ Dat.) – **furēns** h. liebeskrank

284 **ad-fātus, -ūs** Anrede – **prīma ex-ōrdia** ~ *prīncipium* (*ōrātiōnis*); St 13

285 **nunc ... nunc** ↗ 74 – **animum dīvidere** h. Gedanken lenken

286 (*in partīs-*)**que,** (*per-*)**que**: S 7c (statt *rapit-que* bzw. *versat-que*) – **animum versāre per alqd** die Gedanken schweifen lassen durch etw., h. etw. wiederholt prüfen

287 **altern-āre** schwanken; (wechselweise: *alter-nus*) erwägen

288 **Mnēsthea**: griech. Akk. zu *Mnēstheus*

289 **apt-āre** herrichten, bereitmachen; *aptent, cōgant, părent* ... sie sollten ...

290 **arma** h. Schiffsausrüstung – **rēs nov-andae** die (neu) zu treffenden Maßnahmen

291 **quandō**: W – **spērāre** h. damit rechnen

293 **aditūs** h. Möglichkeiten des Zugangs – **temptāre**: h. 1. + Akk. (suchen); 2. + abh. Fragesatz (erkunden) – **quae** (*sint*) – **mollis** h. ~ *prosper* – **fandī** (*cum Dīdōne*)

294a **rēbus** (*gerendīs*): für das Vorhaben – **dexter** h. ~ *aptus* (*sit*)

294b **ōcius** schneller (als gewöhnlich); ~ *celerrimē* – **fac-essere** ~ *per-ficere*

T 20 Anklage und Rechtfertigung (4,296–396)

At regina dolos – quis fallere possit amantem? –
praesensit motusque excepit prima futuros,
omnia tuta timens. Eadem impia Fama furenti
detulit armari classem cursumque parari.
Saevit inops animi totamque incensa per urbem
bacchatur, qualis commotis excita sacris
Thyiăs, ŭbi audito stimulant trĭĕtērica Baccho
orgia nocturnusque vocat clamore Cithaeron.

Tandem his Aenean compellat vocibus ultro:
„Dissimulare etiam sperasti, perfide, tantum
posse nefas tacitusque meā decedere terrā?
Nec te noster amor nec te data dextera quondam
nec moritura tenet crudeli funere Dido?
Quin etiam hiberno moliri sidere classem
et mediis properas Aquilonibus ire per altum,
crudelis? Quid, si non arva aliena domosque
ignotas peteres, et Troia antiqua maneret,
Troia per undosum peteretur classibus aequor?

4, 297 **prae-sentīre** vorher fühlen; ahnen – **mōtūs** (S 5): h. Aufbruch – **ex-cipere** (*animō*): h. erraten – **omnia** (, *quamvīs*) **tūta** (*essent,*)

298b **eadem** wieder (↗ 173 ff.) – **furēns** ↗ 283 – **arm-āre** h. ausrüsten (↗ 290)

300 **Saevit** (W): (*rēgīna*) – **in-ops animī** ~ *sine cōnsiliō*

301 **bacch-ārī** wie eine Bacchantin rasen – **sacra com-movēre** die heiligen Geräte hervorholen – **ex-cita** (*ciēre*): ~ *ex-citāta*

302 **Thȳias** (griech. Nom. Sing.): Bacchantin; lies zweisilbig (M 3d) – **tri-etē-ricus** (griech.): alle drei Jahre stattfindend – **Bacchus** h. Jubelruf (der Bacchantinnen)

303 **orgia, -ōrum** (FW): wilde nächtliche Feier – **Cithaerōn** (Nom.): (der Berg) Kithairon (in Böotien)

304 **com-pellāre** h. zur Rede stellen – **etiam** (steigernd): auch noch – **spērāstī**: h. mit griech. NcI (*tacitus!*) – **tacitus** (akt.): stillschweigend – **-que**: S 7c

307 **dextera** h. das (feierliche) Versprechen

309 **hībernō** (W) **... sīdere** ~ *hieme* – **Aquilō, -ōnis** Nordwind, Nordsturm

311 **Quid, ...** (Einleitung der Frage): Wie, ... – **arvum**: W – **manēret** h. noch stünde

313 **und-ōsus** ↗ *unda* – (*ā tē*) **peterētur** – **classibus**: S 5

Mene fugis? Per ego hás lăcrimas dextramque tuam te
– quando aliud mihĭ iam miserae nihil ipsa reliqui –,
per cōnūbia nostra, per inceptos hymenaeos,
si bene quid de te merui, fuit aut tibi quicquam
dulce meum, miserere domus labentis et istam,
oro, si quĭs ădhuc precibus lŏcŭs, exue mentem!
Te propter Libycae gentes Nomadumque tyranni
odēre, infensi Tyrii; te propter eundem
exstinctus pudor et, quā solā sidera adibam,
famă prior. Cui me moribundam deseris, hospes,
hoc solum nomen quoniam de coniuge restat?
Quid mŏrŏr? An mea Pygmalion dum moenia frater
destruat aut captam ducat Gaetūlus Ĭarbas?
Saltem si qua mihī de te suscepta fuisset
ante fugam suboles, si quis mihĭ parvulus aulā
luderet Aeneas, qui te tamen ore referret,
non equidem omnino capta ac deserta viderer."
Dixerat. Ille Iovis monitis immota tenebat
lumina et obnixus curam sub corde premebat.
Tandem pauca refert: „Ego té, quae plurima fando
enumerare vales, numquam, regina, negabo
promeritam nec me meminisse pigebit Elissae,
dum memor ipse mei, dum spiritŭs hos regit artŭs.

---

314 **per** („bei") **. . . ōrō** (319) – **quandō**: W – **cōnūbia**: S 5

316b **hymenaeus** (griech.): Hochzeit(slied) – **fuit aut** (S 8): ~ *aut* (*sī*) *fuit* – **meum** von mir

318b **lābī** h. ~ *per-īre* – **ex-uere** h. ablegen

320 **tē propter**: S 9 – **Nŏmădēs, -um** Nomáden, Númider – **tyrannī** ~ *prīncipēs*

321 **ōdēre** (*mē*) – **īnfēnsī** ~ *mihī hostīlēs sunt* – **Tyrius**: W – **eundem** h. eben(falls)

322 **ad-īre** (+ Akk.): h. heranreichen (an) – **hoc . . . quoniam**: S 8

325 **Quid moror** (*mortem mihī dare*)? – **An . . . Pygmaliōn** (Nom.) **dum** (S 8): S 10b

326 **dē-struere** ~ *ēvertere* – (*mē*) **captam** (*sēcum ab-*)**dūcat** (S 6a) – **Gaetūlus Ĭarbās** (dreisilbig): der Gaetúler(-Fürst) Jarbas

327 **saltem** wenigstens – **dē tē** h. ~ *ā tē* – **sus-cipere** h. (in die Arme nehmen und) anerkennen – (*suscepta*) **fuisset** ~ *esset* – **sub-olēs** (f.): ~ *prōlēs*

328b **parv-ulus** ~ *parvus* – **tamen** h. wenigstens, immerhin – **ōre re-ferre** (+ Akk.): im Aussehen erinnern (an) – **capta** ~ *dē-cepta* (S 6a)

331 **monitum** Mahnung – **ob-nītī** h. sich mühsam beherrschen – **sub**: W

333 **re-ferre** ~ *re-spondēre* – **fandō**: St 13 – **valēre** h. ~ *posse* – **prō-meritam** ~ *tē* (*bene*) *meritam* (*esse dē mē*) – **Elissa** ~ *Dīdō* – **memor** (*sum*): h. ich bin mir bewusst

Pro re paucă loquar: Neque ego hánc abscondere furto
speravi (ne finge!) fugam nec coniugis umquam
praetendi taedas aut haec in foedera veni.
Me si fata meis paterentur ducere vitam
auspiciis et sponte mea componere curas,
urbem Troianam primum dulcīsque meorum
rēliquias colerem, Priami tecta alta manerent
et recidīvă manu posuissem Pergama victis.

Sed nunc Ītaliam magnam Grȳnēus Apollo,
Italiam Lȳcĭae iussēre capessere sortes;
hic amor, haec patria est. Si te Karthaginis arces
Phoenissam Libycaeque aspectus detinet urbis,
quae tandem Ausoniā Teucros considere terrā
invidia est? Et nos fas extera quaerere regna.
Me pătrĭs Anchisae, quotiens umentibus umbris
nox operit terras, quotiens astra ignea surgunt,
admonet in somnis et turbida terret imago;
me puer Ascanius capitisque iniuria cari,
quem regno Hesperiae fraudo et fatalibus arvis.

---

337 **abs-condere** ~ *condere* (S 6b) – **fūr-tum** h. ~ *dolus* – **nē finge** ~ *nē (animō) fīnxeris*

338b **coniugis . . . prae-tendī** („vorne hinspannen", vortäuschen) **taedās** (↗ 18): ~ *dīxī mē coniugem esse* – **in haec foedera** (S 5): h. zum Zwecke eines solchen Bundes

341 **auspicia** (Pl.): h. Verantwortung, Entscheidung – **com-pōnere** h. beschwichtigen

343 **rēliquiae** h. (sterbliche) Überreste; ↗ zu 1,30 – **manēre** h. noch stehen

344 **re-cid-īvus** „rückfällig" (FW), h. wiedererstehend; ~ *ut re-stituerentur* (St 14) – **Pergama pōnere** ~ *arcem/moenia Trōiae pōnere* – **victīs** (*Trōiānīs*)

345 **Grȳnēus Apollō** Apollo von Gryneion (in W-Kleinasien)

346 **Lyciae . . . sortēs** das lykische Losorakel – **cap-essere** h. ~ verstärktes *petere*

347 **hic** ~ *hic-c(e)*: positionslang – **amor** (*meus*): h. Vorliebe – **patria** (*mea*)

348 **Phoenissam** (Apposition): „eine Phönizierin" – **Libycae-que** (W) **aspectus urbis** ~ *et* (S 7c) *aspectus urbis Āfricānae* – **dē-tinēre** festhalten

349 **quae tandem** (verstärkend) **invidia est** (+ AcI): ~ *cūr* (*Teucrīs* W) *invidēs, quod* . . . – **Ausonius**: W – **ex-tera** (~ *ex-ter-na*): „in der Fremde"

351 **ūmēre** feucht sein (↗ zu 4,6/7) – **īgn-eus** h. ~ *clārus* – **somnus** (poet.): ~ *somnium* – **turb-idus** besorgt, bestürzt

354 **Ascănius** (*admonet*) – **capitis cārī** (poet.): ~ *eius* – **Hesperia** ~ *Ītalia* (W 2) – **fraud-āre** (+ Abl.): betrügen (um), (etw.) vorenthalten – **fāt-ālis, arvum**: W

Nunc etiam interpres divum Iove missus ab ipso
– testor utrumque caput – celerīs mandata per auras
detulit: ipse deum manifesto in lumine vidi
intrantem muros vocemque his auribus hausi.
Desine meque tuis incendere teque querelis:
Italiam non sponte sequor.“

Talia dicentem iam dudum aversa tuetur
huc illuc volvens oculos totumque pererrat
luminibus tacitis et sic accensă prŏfatur:
„Nec tibi diva părens generis nec Dardanus auctor,
perfide, sed duris genuit te cautibus horrens
Caucăsŭs Hyrcanaeque admorunt ubera tigres.
Nam quid dissimulo aut quae me ád maiora reservo?
Num fletu ingemuit nostro? Num lumina flexit?
Num lăcrimas victus dedit aut miseratus amantem est?
Quae quĭbŭs anteferam? Iam iam nec maxima Iuno
nec Saturnius haec oculis pater aspicit aequis.
Nusquam tuta fides. Eiectum litore, egentem
excepi et regni demens in parte locavi,
amissam classem, socios a morte reduxi.

---

357 **utrum-que** ~ *meum atque tuum* – **mani-fēstō** h. ~ *clārō* – **haurīre** h. ~ *audīre*

360 **in-cendere** h. ~ *in-citāre* – **sponte** (*meā*) – **sequī** (+ Akk.): ~ *prō-ficīscī* (*in*)

363 **hūc** (*et*) **illūc** – **tōtum** (*eum*) **... per-errāre lūminibus** (ihn) mit dem Blick von Kopf bis Fuß messen – **tacitīs**: St 5 – **pro-fārī** h. losbrechen

365 **generis nec**: S 8 – **cautēs, -is** (f.): Fels – **horrēns** (+ Abl.): h. starrend (von)

367 **Hyrcānus** hyrkanisch – **admō**(*vē*)**runt** (*tibi*) – **ūber, -eris** (n.): Euter – **tigris, -is** (m./f.): h. Tigerweibchen

368 **dis-simulāre** sich verstellen/zurückhalten (unwillige Frage + Ind.) – **quae māiōra** ~ *quās māiōrēs contumēliās* – **re-servāre** h. aufsparen

369 **flētus, -ūs** ↗ *flēre* – **in-gemī-scere** (*-uī*): aufseufzen – (*dē-*)**flexit**: S 6a

370 (*lacrimās ...*) **dedit** ~ *effūdit* – **miserārī** (*alqm*: poet.): ~ *miserērī* (*alcs*)

371a **Quae** (relat. Satzanschluss) **quibus** (interrogativ) **anteferam?** „Welchen (Kränkungen) soll ich diese vorziehen?“; d. h.: Es gibt keine schlimmere Kränkung.

371b **iam iam** ~ *iam* (↗ 2, 701) – **māxima** h. die erhabene

372 **Sāturn-ius ... pater** (St 3): ~ *Iuppiter* – (*tē*) **ēiectum** (*in*) **lītore**

374 **locāre in parte** (+ Gen.): ~ *participem facere* (*alcs reī*) – **re-dūcere** h. ~ *servāre*

Heu, furiis incensa feror! Nunc augur Apollo,
nunc Lyciae sortes, nunc et Iŏvĕ missus ab ipso
interpres divum fert horrida iussa per auras.
Scilicet is superis lăbŏr est, ea cura quietos
sollicitat. Neque te teneo neque dicta refello:
I, sĕquĕre Ītaliam ventis, pete regna per undas!
Spero equidem mediis, si quid pia numina possunt,
supplicia hausurum scopulis et nomine Dido
saepe vocaturum. Sĕquăr atris ignibus absens
et, cum frigida mors animā seduxerit artūs,
omnibus umbra locis adero. Dăbĭs, improbe, poenas.
Audiam et haec Mānīs veniet mihi fama sub imos."
His medium dictis sermonem abrumpit et auras
aegra fugit seque ex oculis avertit et aufert
linquens multa metu cunctantem et multa parantem
dicere. Suscipiunt famulae conlapsaque membra
marmoreo referunt thalamo stratisque reponunt.
At pius Aeneas, quamquam lenire dolentem
solando cŭpĭt et dictis avertere curas,
multa gemens magnoque animum labefactus amore
iussa tamen divum exsequitur classemque revisit.

---

376 **heu**: W – **ferrī** (W): h. fortgerissen werden, außer sich geraten

377 **Lyciae sortēs** ↗ 346 – **interprēs dīvum** ~ *nūntius deōrum*

379 **quiētōs** (*deōs*) – **teneō** ~ *re-tineō* (S 6a) – **dicta** (*tua*) – **re-fellere** widerlegen

381 **ventīs** ~ *cum tempestātibus* (Begleitumstand)

382 **mediīs ... scopulīs** (W): inmitten ... – **pia nūmina** ~ *deī iūstī* – **supplicia** (S 5) **haurīre** den Tod erleiden („ausschöpfen"); *hausūrum*: poet. – **Dīdō**: griech. Akk.

384 **īgnis**: W – **absēns**: präd. – **animā** (S 3c) **artūs sē-dūcere** ~ *animam ab artibus ab-dūcere/sē-parāre* – **umbra**: präd.

387 **haec** ~ *huius reī* (↗ *ea*: 2, 17) – **sub** (W) **īmōs Mānīs** bis tief hinab ins Totenreich

388 **ab-rumpere**: W – **aurās** (S 5): h. die (freie) Luft (außer Hause)

389 **sē ... au-ferre** sich entziehen – **linquere**: W

391 **Sus-cipiunt** (*eam*): h. auffangen – **famula** ↗ *famulus* – **con-lābī**: W

392 **thalamō** (W), **strātīs** (W): S 3d

394 (*cōn-*)**sōlārī**: S 6a – (*animum*: S 4) **labe-factus** erschüttert (in ...)

396 **dīvum**: S 1 – **re-vīsere** (+ Akk.): wieder schauen (nach)

Helga Ruppert-Tribian: *Aeneas verlässt Dido*. Collage, 1972.

T 21 Didos Tod (4,584–668)

Didos Psyche ist gespalten: Kann ihre Schwester Anna auf Aeneas einwirken? Bestätigen nicht unheilvolle Zeichen ihren Todesentschluss? Wie kann sie die Vorbereitungen zum Selbstmord vertuschen?
Aeneas aber steht unbeugsam „wie ein Eichenbaum“. Die Aufbruchstimmung seiner Mannschaft lenkt ihn ab, eine weitere Traumerscheinung Merkurs veranlasst beschleunigte Abfahrt.

4,584 Et iam prima novo spargebat lumine terras
Tithōni crŏcĕum linquens Aurora cubile.
586 Regina e speculis ut primam albescere lucem
vidit et aequatis classem procedere velis
litoraque et vacuos sensit sine remige portus,
terque quaterque manu pectus percussa decorum
590 flaventīsque abscissa comas: „Pro Iuppiter! Ibit
hic“, ait, „ét nostris inluserit advena regnis?
Non arma expedient totaque ex urbe sequentur
dēripientque rates alii navalibus? Ite,
ferte citi flammas, dătĕ tela, impellite remos!

595 Quid lŏquŏr? Aut ubi sum? Quae mentem insania mutat?
Infelix Dido, nunc te facta impia tangunt?
Tum decuit, cum sceptra dabas. En dextra fidesque,
quem secum patrios aiunt portare penatis,
quem subiisse umeris confectum aetate parentem!

4, 584 **prīma** (präd.): bei ihrem ersten Auftauchen – **spargere** h. bestreuen, übergießen
585 **croc-eus** safrangelb – **linquere**: W – **cub-īle** (**-is**; n.): ~ *lectus*
586 **spec-ula** (*spectare*): Aussichtspunkt, -turm (S 5) – **albē-scere** hell(er) werden
587 **aequāre** h. (gleichmäßig) ausrichten – **prōcēdere** (*ē portū*): h. auslaufen
588 **vacuōs**: sinngemäß auch zu *lītora* – **rēm-ex** ~ *quī rēmum agit*
589 **ter-que quater-que**: W – **per-cutī** sich schlagen
590a **flāv-ēns** ~ *flāvus* – **ab-scindī** h. sich (aus-)raufen – **coma**: W
590b **prō!** (Interjektion): ach! – **hic**(*c*): ~ *hic* (dieser); ↗ zu 347 – **et ... in-lūserit** (+ Dat.): ~ *postquam illūsit* – **advena**: W
593 **dē-ripere** h. schnell herausholen – **nāv-āle, -is** Standort der Schiffe; Hafen
594 **flammās** ~ *facēs* – **date** ~ *distribuite* – **im-pellite** ~ *movēte* – **īn-sān-ia**: S 10b
597 **scēptra, -ōrum** (S 5): (Königs-)Macht – **ēn** (griech.): ~ *ecce* – **fidēsque** (*eius*)
599 **sub-iisse** (poet.): ~ *sub-īsse* (in Prosa)

Non potui abreptum divellere corpus et undis
spargere? Non socios, non ipsum absumere ferro
Ascanium patriisque epulandum ponere mensis?
Verum anceps pugnae fuerat fortuna. – Fuisset:
Quem metui moritura? Faces in castra tulissem
implessemque foros flammis natumque patremque
cum genere exstinxem, memet super ipsa dedissem.

Sol, qui terrarum flammis opera omnia lustras,
tuque harum interpres curarum et conscia Iuno
nocturnisque Hĕcătē triviis ululata per urbes
et Dirae ultrices et di morientis Elissae,
accipite haec meritumque malis advertite numen
et nostras audite preces! Si tangere portus
infandum caput ac terris adnare necesse est
et sic fata Iovis poscunt, hic terminus haeret:
At bello audacis populi vexatus et armis,
finibus extorris, complexu avulsus Ĭūli
auxilium imploret videatque indigna suorum
funera; nec, cum se sub leges pacis iniquae
tradiderit, regno aut optata luce fruatur,
sed cadat ante diem mediaque ĭnhŭmatus harena!

---

600 **ab-reptum dī-vellere** (W) **corpus** ~ *eum ā sociīs ab-ripere et corpus eius dīvellere*

601 **ab-sūmere** ~ *interficere* – **patriīs** ~ *patris* – **-que**: S 7 c – **epul-ārī** ↗*epulae* – **pōnere** (bei Speisen): vorsetzen – **fortūna** h. Ausgang – **Fuisset** „Meinetwegen"

605 **im-plēssem** ~ *im-plēvissem* – **forus** Schiffsgang – **cum** (*tōtō*) **genere** – **mē-met** ~ *mē* (verstärkt) – **super** (Adv.) . . . **dare** ~ *ad-dere* (erg. *flammīs*)

607 **flammīs** (~ *radiīs*) . . . **lūstrās** (erleuchten, erhellen): S 10b

608 **hārum** ~ *meārum* – **cōnscia** (*nuptiārum*)

609 **nocturnīs-que** (S 7c) **Hecatē** (Unterweltsgöttin): ~ *et Hecatē in nocturnīs* – **trĭ-vium** Dreiweg, Weggabelung – **ululāre** heulen; h. unter Heulen anrufen

610 **Dīrae** ~ *Furiae* – **ul-trīx** ↗*ulcīscī* – **Elissae** ~ *Dīdōnis* (↗ zu 335)

611 **malīs** (*meīs*) – **advertite nūmen** (+ Dat.: S 3d): ~ *date auxilium*

612 **portūs**: S 5 – **īn-fandus**: W – **terrīs** (S 5) **ad-n(*at*)āre** (S 3d): an Land schwimmen

614 **hic terminus haeret** ~ *et hic fīnis errōrum* (*cōn-*)*stat*

615 **at** h. dann doch wenigstens – **ex-torris** (**-e**; + Abl.): ~ *ex-pulsus* – **complexus, -ūs** Umarmung – **ā-vulsus** ↗*vellere* – **in-dīgnus** h. unverdient

618 **cum** (dann,) wenn – **lēgēs** ~ *condiciōnēs*

619 **lūce** ~ *vītā* – **cadat** ~ *oc-cidat*; S 6a – **diem** (*suum*) – **in-hum-ātus** unbestattet

Haec precor, hanc vocem extremam cum sanguine fundo.
Tum vos, o Tyrii, stirpem et genus omne futurum
exercete odiis cinerique haec mittite nostro
munera: Nullus amor populis nec foedera sunto!
Exoriare aliquis nostris ex ossibus ultor,
qui făcĕ Dardanios ferroque sequare colonos,
nunc olim, quocumque dabunt se tempore vires!
Litora litoribus contraria, fluctibus undas
imprecor, arma armis: pugnent ipsique nepotesqu(e)!“

Haec ait ét partīs animum versabat in omnīs,
invisam quaerens quam primum abrumpere lucem.
Tum breviter Barcen nutricem adfata Sychaei,
namque suam patria antiquā cinis ater habebat:
„Annam, cara mihi nutrix, huc siste sororem;
dic corpus properet fluviali spargere lymphā
et pecudes secum et monstrata piacula ducat.
Sic veniat, tuque ipsa piā tege tempora vittā.
Sacra Iovi Stygio, quae rite incepta paravi,
perficere est animus finemque imponere curis
Dardaniique rogum capitis permittere flammae.“
Sic ait. Illă grădum studio celerabat anili.

---

621 **vōcem** ~ *ōrātiōnem* – **fundō vōcem** ~ *ēdō vōcem* (St 15)

622 (*omnem*) **stirpem** (*Trōiānōrum*) – **exercēte** ~ *persequiminī*

623b **cinerī-que** (S 7c) **... mittite** (S 6a: ~ *dē-*) **... mūnera**: S 10b – **populīs** (*utrīsque*)

625 **exoriāre aliquis** ~ *oriāris, quisquis eris* – **ul-tor** ↗*ulcīscī*

626 **sequāre** (S 6a): ~ *persequāris* – **nunc ōlim** ~ *sīve nunc sīve posteā*

628 **contrāria ... im-precor** ~ *precor, ut sint contrāria*

629b **nepōtēs-que**: *-que* ‚passt‘ h. nicht mehr in den Vers; daher muss hier die Elision über die Versgrenze hinaus wirken.

630 **partīs** h. Richtungen – **ab-rumpere lūcem** ~ *fīnīre vītam* (619)

632 **Barcēn**: Akk. zu *Barcē* (S 2a) – **nūtrīx, -īcis** Amme – **ad-fārī**: W

633 **namque** ~ *nam* – (*in*) **patri(ā) antīquā** – **habēbat** h. hielt umschlossen

634 **sistere** (trans.): h. ~ *dūcere* – **dīc corpus properet fluviālī spargere lymphā** (S 10b): ~ *imperā, ut properē sē spargat aquā fluviī*

636 **mōnstrāta** (~ *iussa*) **piā-cula** (Sühneopfer) (*ad-*)**dūcat**

637 **sīc** ~ *tum* – **tempora, vitta**: W – **Iuppiter Stygius** ~ *deus īnferōrum* – **incepta parāvī** ~ *prae-parāvī* – **est** (*mihi*) **animus** ~ *volō*

640 **Dardaniīque rogum capitis** ~ *et* (S 7c) *rogum* (W) *cum imāgine cēr-eā Aenēae*

641 **celer-āre** ~ *properāre* – **anīlī** ~ *anūs*

At trepida ét coeptis immanibus effera Dido,
sanguineam volvens aciem maculisque trementīs
interfusa genas et pallidă morte futurā,
interiora domūs inrumpit limina et altos
conscendit furibunda rogos ensemque recludit
Dardanium, non hos quaesitum munus in usus.

Hic, postquam Iliacas vestīs notumque cubile
conspexit, paulum lacrimis et mente morată
incubuitque toro dixitque novissima verba:
„Dulces exuviae, dum fata deusque sinebat,
accipite hanc animam meque his exsolvite curis!
Vixi et, quem dederat cursum Fortuna, peregi,
et nunc magna mei sub terras ibit imago.
Urbem praeclaram statui, mea moenia vidi,
ulta virum poenas inimico a fratre recepi,
felix, heu nimium felix, si litora tantum
numquam Dardaniae tetigissent nostra carinae."
Dixit et os impressa toro: „Moriemur inultae,
sed moriamur", ait. „Sic, sic iuvat ire sub umbras.
Hauriat hunc oculis ignem crudelis ab alto
Dardanus et nostrae secum ferat omina mortis!"

---

642 **ef-fera** ~ *furēns* – **sanguin-eam aciem** (~ *oculōs*): die blutunterlaufenen Augen – **macula** Makel, Fleck

644 **inter-fūsa** (↗ *fundere*): h. übersät (mit . . . ; S 4) – **palli-dus** ‚fahl', bleich

645 **interiōra . . . līmina** ~ *interiōra conclāvia* – **furibundus** ~ *furēns*

646b **ēnsem** (W) **re-clūdit Dardanium** (W): ~ *gladium Aenēae prōmit* – **hōs** ~ *tālēs* – **quaesītum** h. erbeten

648 **hīc** ~ *tum* – **cub-īle** Lager – **mente** h. ~ *memoriā Aenēae* – **morāta** (*est*)

650 **in-cumbere** sich werfen auf . . . (+ Dat: S 3d) – **torus**: W

651 **ex-uviae** (*ex-uere*): h. ~ *vestī-menta*

654 **meī**: h. partitiv – **terrās**: S 5 – **statuī** ~ *condidī*

656 **poenās recipere ab alqō** jd büßen lassen – **heu**: W – **nimium** ~ *nimis* – **carīna**: W

659 **ōs im-pressa**: Konstruktion wie 589/90 *pectus percussa; abscissa comās; imprimī* (sich) drücken – **torō** (W): S 3d – **in-ultus** ungerächt – **sub**: W

661 **haurīre** h. tief in sich aufnehmen – **altum**: W 1 – **Dardanus** h. ~ *Aenēās*

Barry Moser: *Didos Tod.* Buchillustration, 1981.

Dixerat, atque illam media inter talia ferro
conlapsam aspiciunt comites ensemque cruore
spumantem sparsasque manus. It clamor ad alta
atria; concussam bacchatur Fama per urbem.
Lamentis gemituque et femineo | ululatu
tecta fremunt, resonat magnis plangoribus aether.

---

663 **tālia** (*verba*) – **con-lābī, ēnsis, spūmāre**: W – **spargere** (*cruōre*): ↗ 584

666 **bacch-ārī** rasen – **lament-um** Klage – **gemitus**: W – **fēmin-eō** | **ululātū** (M 3c): ~ *ululā-tū* (↗ 609 *ululāre*) *fēminārum*

668 **re-sonāre**: FW – **plangor** Schlag (gegen die Brust: aus Trauer) – **aethēr**: W

VIII In der Unterwelt

T 22 Prophezeiung der Sibylle (6,81–97)

Nicht an der Tibermündung, sondern in Cumae (bei Neapel) betritt Aeneas italischen Boden. Sein erster Besuch gilt dem Apollo-Tempel. Eine riesige Höhle (mit 100 Schächten) ist Sitz der Apollopriesterin, der Sibylle, die den Aeneas – entsprechend den Andeutungen des Hélenus (* 3, 441–462) und des Anchises (* 5, 730 ff.) – über sein weiteres Schicksal aufklären wird.

Ostia iamque domus patuēre ingentia centum
sponte suā vatisque ferunt responsa per auras:
„O tandem magnis pelagi defuncte periclis
– sed terrae graviora manent –, in regna Lavini
Dardanidae venient – mitte hanc de pectore curam –,
sed non et venisse volent. Bella, horrida bella
et Thybrim multo spumantem sanguine cerno.
Non Simois tĭbĭ nec Xanthus nec Dorica castra
defuerint; alius Latio iam partus Achilles,
natus et ipse deā; nec Teucris addita Iuno
usquam aberit, cum tu, supplex in rebus egenis,
quas gentīs Italum aut quas non oraveris urbes.
Causa mali tanti coniunx iterum hospita Teucris
externique iterum thalami.
Tu ne cede malis, sed contra audentior ito,
quā tuă te Fortună sinet. Via prima salutis
– quod minime reris – Graiā pandetur ab urbe.“

6, 81 **iamque**: nachgestellt (S 8) – **centum**: St 8 – **vātis-que** ~ *et Sibyllae*
83 **pelagus**: W – **dē-fungī** (+ Abl.): überstehen – **perīc**(*u*)**līs**
84 **terrae** (*perīcula*) – **rēgna**: S 5 – **Lavīnium**: *oppidum in Latiō situm*
85 **Dardanidae** ~ *Trōiānī* (*tuī*) – **mittere** h. verbannen – **hanc** ~ *nē nōn veniant*
86 **nōn et**(*iam*) **vēnisse volent** ~ *nōn ita volent vēnisse, ut venīre* (*eō*: Adv.) *voluērunt*
87 **Tybrim** ~ *Tiberim* – **spūmāre**: W – **Simoīs** (Nom.), **Xanthus**: *fluviī prope Trōiam* – **Dōrica** ~ *Graecōrum* – **dē-fuerint** ~ (*certē*) *dēerunt* – **partus** (*est*)
90 **et ipse** ebenfalls – **Teucrī**: W – **addita** (*fātō inimīca*: präd.)
91 **cum** wenn – **egēnīs** (*egēre*): ~ *adversīs* – **quās . . . aut quās** (Ausruf) **nōn** ~ *omnēs* (alle möglichen) – **Italum**: S 1 – **ōrāveris** ~ *ōrābis*
93 **causa** (*erit*) – **hospita** (*hospes*): ~ *peregrīna*
94 **externī thalamī** (W; S 5): ~ *cōnūbium cum peregrīnā* (Variation zu 93)
95 **contrā**: Adv. – **quā**: W – (*id*) **quod** – **Grāius** ~ *Graecus* – **pandere**: W

T 23 Überfahrt über den Acheron (6,384–416)

Mithilfe der Sibylle – diese trägt einen goldenen Zweig – will Aeneas seinen Vater (↗ 405 *pietās*) in der Unterwelt sehen. Sie betreten durch eine am Avernersee gelegene Grotte – heute: sog. *Grotta della Sibilla* – das Reich der Unterwelt und gelangen zum Unterweltfluss Ácheron, wo die unbestatteten Seelen auf den Fährmann Charon (385 *nāvita*) warten.

Ergo ĭtĕr inceptum peragunt fluvioque propinquant.
Navita quos iam inde út Stygia prospexit ab unda
per tacitum nĕmŭs ire pedemque advertere ripae,
sic prior adgreditur dictis atque increpat ultro:
„Quisquĭs ĕs, armatus qui nostra ad flumina tendis,
fare age, quíd venias, iam istinc et comprime gressum.
Umbrarum hic locus est, Somni Noctisque soporae;
corpora viva nefas Stygiā vectare carinā.
Nec vero Alcīden me sum laetatus euntem
accepisse lacu nec Thēsĕă Pīrithoumque,
dis quamquam geniti atque invicti viribus essent.
Tartareum ille manu custodem in vincla petivit
ípsĭus a solio regis traxitque trementem;
hi dominam Dītis thalamo deducere adorti."

6, 384 (*ap-*)**propinquāre**: S 6a – **nāvita quōs ... ut** ~ *iam inde* („sofort"), *ubī prīmum nauta eōs* ... – **prōspicere** (W): + AcI (385/6)

386 **ad-vertere**: + Dat. (S 3d)

387 **ad-gredī** h. sich wenden an – **in-crepāre** (jd) hart anfahren

388 **tendere** ~ *con-tendere* (S 6a) – **iam istinc** h. ~ *statim* – **comprimere gressum** (*-us, -ūs* Schritt; *gradī*): ~ *cōn-sistere*

390 **sopōrus** schlafbringend – **nefās** (*est*) – **vectāre** ~ *vehere* – **carīna**: W

392 **Alc-īdēn** (S 2a): ~ *Herculem* (St 3) – **nec ... sum laetātus** (+ AcI): ~ *et valde mē paenituit* (+ Inf.) – **accipere lacū** h. auf das Gewässer lassen

393b **Thēsĕă**: griech. Akk. zu *Thēseus* – **quamquam**: nkl. oft + Konj.

395 **Tartareum** ~ *Tartarī* – **in vinc**(*u*)**la petīvit** ~ *petīvit, ut vincīret*

396 **solium** Thron – **rēgis** (*īnferōrum*)

397 **Dītis** ~ *Plūtōnis* – **thalamus** (W): S 3c – **ad-orīrī** h. in Angriff nehmen

Quae contra breviter fata est Amphrȳsia vates:
„Nullae hic insidiae tales – absiste moveri –,
nec vim tela ferunt; licet ingens ianitor antro
aeternum latrans exsanguīs terreat umbras,
casta licet patrui servet Prōserpina limen.
Trōĭŭs Aeneas, pietate insignis et armis,
ad genitorem imas Erebi descendit ad umbras.
Si te nulla movet tantae pietatis imago,
at ramum hunc“ – aperit ramum, qui veste latebat –
„agnoscas.“ Tumida ex ira tum corda residunt;
nec plura his. Ille admirans venerabile donum
fatalis virgae longo post tempore visum
caeruleam advertit puppim ripaeque propinquat.
Inde alias animas, quae per iŭgă longa sedebant,
deturbat laxatque foros; simul accipit álveo
ingentem Aenean. Gemuit sub pondere cumbă
sutilis et multam accepit rimosa paludem.
Tandem trans fluvium incolumīs vatemque virumque
informi limo glaucaque exponit in ulva.

---

398 **Quae contrā** ~ *Ad ea* – **Amphrȳsia** („apollinische“) **vātēs** ~ *Sibylla*

399 **īnsidiae** (*sunt*) – **ab-siste movērī** ~ *dē-siste concitārī*

400 **licet** (+ Konj.): darf ruhig (weiterhin) – **iāni-tor** Pförtner – **antrum** (griech.): Höhle (S 3b) – **aeternum**: innerer Akk. – **lātrāre** bellen – **ex-sanguis** blutleer

402 **castus** (präd.): sittsam – **patr-uus** Vatersbruder, Onkel – **servāre līmen** ~ *custōdīre domum*

404 **īmus**: präd. – **Erebus** (griech.): Unterwelt – **nūlla** ~ *nōn* – **aperit** ~ *prōmit*

407 **tum-id(ă) ex** (infolge) **īrā** ~ *plēnă īrae* – **corda**: S 5 – **re-sīdere** sich beruhigen

408 **plūra** (*verba*) **hīs** (*dīcunt*) – **venerā-bilis** ↗ *venerārī* – **fātālis virgae** (gen. explicativus): (den) Schicksalszweig

410 **caeruleus**: W – **puppim** (W) **ad-vertere** ↗ 386 – **propinquāre** (↗ 384): h. trans.

411 **inde** (*ubī rīpam attigit*) – **iugum** h. Querbank – **dē-turbāre** vertreiben – **forōs laxāre** die Gänge (des Bootes) freimachen – **alveus** Kahn; M 3d

413 **cumba** (griech.): ~ *alveus* – **sū-tilis** (*suere* nähen): (aus Binsen) geflochten – **rīm-ōsus** (präd.): voller Risse (*rīma*) – **palūs** h. Wasser (des Sumpfes)

416 **īn-form-is** („formlos“) **līmus** morastiger Schlamm; S 3b – **glauca** (griech.) **ulva** graugrünes Schilf

Aeneas wird von Charon in die Unterwelt gebracht. Holzschnitt aus der ersten deutschen Vergil-Übersetzung (durch Thomas Murner), Worms 1543.

T 24 Begegnung mit Dido (6,450–476)

In der Totenwelt begegnet Aeneas zunächst den „unzeitig“ verstorbenen Säuglingen, den unschuldig zum Tode Verurteilten und den Selbstmördern. In den Trauergefilden *(campī lūgentēs)* halten sich die Frauen (450 *quās*) auf, die an unerwiderter Liebe scheiterten (*amor dūrus*).

Inter quas Phoenissa recens a vulnere Dido
errabat silva in magna. Quam Trōĭus hērōs
ut primum iuxta stĕtĭt agnovitque per umbras
obscuram, qualem primo qui surgere mense
aut vĭdĕt aut vidisse putat per nubila lunam,
demisit lăcrimas dulcique adfatus amore est:
„Infelix Dido, verus mihi nuntius ergo
venerat exstinctam ferroque extrema secutam.
Funeris heu tibi causa fui! Per sidera iuro,
per superos et si quă fides tellure sub ima est:
Invitus, regina, tuo de litore cessi.
Sed me iussa deum, quae nunc has ire per umbras,
per loca senta situ cogunt noctemque profundam,
imperiis ēgēre suis; nec credere quivi
hunc tantum tĭbĭ me discessu ferre dolorem.
Sistĕ grădum teque aspectu ne subtrahe nostro!
Quem fugis! Extremum fato, quod te ádloquor, hoc est.“

6, 450 **Phoenissa**: N – **recēns ā vulnere** noch gezeichnet von der (tödlichen) Wunde
451 **hērōs** (griech.; Nom. Sing.): Held – **Quam** ... **iuxtā** ~ *Trōius* (dreisilbig!) *hērōs ut prīmum iuxtā eam* – **stetit** ↗ *sistere*
453 **obscūram, quālem ... quī ... lūnam** (454): ~ *tam obscūram* (in so schwachen Umrissen), *quam is lūnam agnōscit, quī eam* ... – **prīmō mēnse** h. im Neumond
454 **putat** (*sē*) – **nūbilum** ~ *nūbēs*
455 **dē-mittere** ~ *pro-fundere* – **dulcī amōre** ~ *dulcibus verbīs amōris* – **ad-fārī**: W
457 **exstīnctam** (*tē esse*) – **extrēma sequī** ~ *mortem ob-īre*
458 **heu**: W – **sub** (W) **īmā** h. tief unten in
461 **deum**: S 1 – **sentus** („dornig“) **sitū** (*-us, -ūs:* Moder): verwildert – **pro-fundus** tief
464 **dis-cess-ū** ↗ *dis-cēdere* – (*īn-*)**ferre**: S 6a
465 **sistere gradum** ~ *cōn-sistere* – **a-spectū** (Dat.): Anblick – **sub-trahere** entziehen
466 **extrēmum** das letzte Mal – **quod**: faktisch – **ad-loquī**: W – **hoc**(*c*): ~ *hoc* (Nom.); ↗ 4,347 *hic*(*c*)

Talibus Aeneas ardentem et torva tuentem
lenibat dictis animum lacrimasque ciebat.
Illa sŏlo fixos oculos aversa tenebat
nec magis incepto vultum sermone movetur,
quam si dura silex aut stet Marpēsia cautes.
Tandem corripuit sese atque inimica refugit
in nemus umbriferum, coniunx ŭbĭ pristinus illi
respondet curis aequatque Sychaeus amorem.
Nec minus Aeneas, casu percussus iniquo,
prosequitur lăcrimis longe et miseratur euntem.

T 25 Die zukünftigen Römer (6,756–766; 777–853)

Im Elysium erklärt Anchises dem Sohn, nach den zahlreichen Seelen am Fluss befragt, die Seelenwanderungslehre: Nach einer Phase der Läuterung trinken die Seelen der Verstorbenen aus dem „Fluss des Vergessens“, um dann neuerdings auf die Erde zurückzukehren. Die Vorstellung bedeutender künftiger Römer („Heldenschau“) ermutigt Aeneas zur Fortsetzung seiner mühevollen Mission.

„Nunc age, Dardaniam prolem quae deinde sequatur
glōria, qui maneant Itala de gente nepotes,
inlustrīs animas nostrumque in nomen ituras,
expediam dictis et te tua fata docebo.

---

467 **ardentem** (*īrā*) – **torva** (innerer Akk./n.Pl.): finster, grimmig

468 **lēnībat** (unkl.): ~ *lēniēbat*: Beachte das Impf.! – **animum** (*eius*) – **lacrimās** (*Dīdōnis*) **ciēbat** ~ *eam impellere cōnātus est, ut flēret*

469 **ā-versus** abgewandt – **vultum**: S 4 – **silex** (**-icis**; poet. f.): (Kiesel-)Stein – **stet** h. ~ *sit* bzw. *esset* – **Marpēsia cautēs** Marpesischer Fels; Marmor

472 **sē cor-ripere** sich aufraffen – **umbri-fer** schattig

473b **ubi**: S 8 – **illī respondet cūrīs** (*suīs*): ~ *Sychaeī cūrae respondent illīus* (*Dīdōnis*) *cūrīs* – **aequāre** (*amōrem eius*): h. erwidern

475 **Nec minus** ~ *Tamen* (*, quamquam ab eā dēsertus est*) – **cāsū** (*Dīdōnis*)

476 **prō-sequī** (*oculīs*): nachblicken – (*cum*) **lacrimīs** „unter . . .“ – **miserātur** (poet.) **euntem** ~ *miserētur eius, quae* (*ab-*)*it* (*in nemus*)

6, 756 **nunc age** (+ Fut.: 759): wohlan denn – **Dardaniam** (~ *Dardanī*: W) **prōlem . . . quae** (S 8) . . . **glōria sequātur** (h. erwarten) – **deinde** (M 3d): ~ *temporibus futūrīs*

757b **maneant** (*prōlem Dardaniam*): h. vorbehalten sind

758 **animās nostrum-que** (S 7c): ~ *et animās* (↗ *expediam*: 759) *nostrum* – **nostrum in nōmen īre** ~ *nōmen ā nōbīs accipere*

759 **ex-pedīre dictīs** („enthüllen“): h. 1. + abh. Fragesatz (756/7); 2. + Akk.-Obj.

Ille – vides – (pūrā iuvenis qui nititur hastā,
proximă sorte tenet lucis lŏcă) primus ad auras
aetherias Italo commixtus sanguine surget,
Silvius, Albanum nomen, tua postuma proles,
quem tibi longaevo serum Lāvīnia coniunx
educet silvis regem regumque parentem,
unde genus Longā nostrum dominabitur Albā. (...)

Quin et avo comitem sese Mavortius addet
Romulus, Assaraci quem sanguinis Ilia mater
edūcet. Vīdĕn, ut geminae stant vertice cristae
et pater ipse suo superum iam signat honore?
En hūius, nate, auspiciis illa incluta Roma
imperium terris, animos aequabit Olympo,
septemque ună sibī muro circúmdabit arces,
felix prole virum: Qualis Berecyntia mater
invehitur curru Phrygias turrita per urbes,
laeta deum partu, centum complexa nepotes,
omnīs caelicolas, omnīs supera alta tenentīs.

---

760 **vidēs** (*eum*): ~ *ecce* – **pūra ... hasta** (S 10c): Ehrenlanze (ohne Metallspitze)
761 (*et quī*) **proxima** (+ Gen.:) **lūcis** (*superae*) **loca tenet – aurae aether-iae** Oberwelt – **... com-mixtus** (+ Abl.) ... **surget**: S 10b
763 **Albānum** h. in Alba Longa üblich – **postuma** ~ *post mortem patris nāta*
764 **long-aevus** (präd.): im hohen Alter – **quem ... sērum** den „Spätling" (↗ *postuma*), den – **ēdūcere** h. erziehen – (*in*) **silvīs– regem ...**: präd.
766 **unde** (~ *ā quō*: temporal) ... **Albā** (wo?): S 10b

777 **quīn et**(*iam*) – **Māvortius** h. ~ *Mārte nātus* – **sē addere** (+ Dat.): h. nachfolgen
778 **Assaracus**: *avus Anchīsae* – **quem**: S 8 – **sanguinis** (gen. qualitatis zu *māter*; + Gen.): aus dem Blut (des Assaracus) – **Īlius** trojanisch
779 **vidĕn** (~ *vidēs-ne*): + abh. Fragesatz (+ archaischer Ind.) – **vertice** (*Rōmulī*): S 3b – **crista** Helmbusch
780 **superum**: zu **pater** – **iam** h. schon auf Erden – **sīgnat** (*eum*)
781 **ēn** (griech.): ~ *ecce* – **nāte**: *Aenēās* – **auspicia** h. Leitung – **inclutus**: W
782 **animī** (Plur.): h. stolzer Sinn – **aequāre alqd alci reī** etw. gleichmachen mit etw.; h. 1. etw. (*terrīs!*) umfassen mit; 2. etw. (*Olympō!*) erreichen mit – **arx** h. ~ *collis*
784 **virum**: S 1 – **quālis** so, wie – **Berecyntia māter** ~ *Cybelē*
785 **in-vehī** ~ *vehī* – **turrītus** mit einer Mauerkrone; S 10b – **partus (-ūs)**: ~ *prōlēs*
786b **centum**: St 8 – **complexa**: präsentisch bzw. ~ *complexa tenēns* – **omnīs** h. lauter – **caeli-cola**: W 1 – **supera alta** (n.Pl.): den hohen Himmel – **tenēre** h. ~ *habitāre*

Huc geminas nunc flecte acies, hanc aspice gentem
Romanosque tuos. Hic Caesar et omnis Ĭūli
progenies magnum caeli ventura sub axem.
Hic vir, hic ést, tibĭ quem promitti saepius audis,
Augustus Caesar, Divi genus, aurea condet
saecula qui rursus Latio regnata per arva
Saturno quondam super et Garamantăs et Indos
proferet imperium; iăcĕt extra sidera tellus,
extra anni solisque vias, ubi caelifer Atlas
axem umero torquet stellis ardentibus aptum.
Hūius in adventum iam nunc et Caspia regna
responsis horrent divum et Maeotia tellus
et septemgemini turbant trepida ostia Nili.
Nec vero Alcīdes tantum telluris obivit
(fixerit aeripedem cervam licet aut Erymanthi
pacarit nemora et Lernam tremefecerit arcu)
nec qui pampineis victor iuga flectit habenis
Liber agens celso Nȳsae de vertice tigrīs.
Et dubitamus adhuc virtutem extendere factis,
aut metus Ausoniā prohibet consistere terrā?

---

788 **aciēs** (St 11): ~ *oculōs* (*tuōs*)

790 **caelī axis** (**-is**; m.): Himmel(sgewölbe) – **sub** h. hinauf . . . zu

792 **genus** ~ *prōgeniēs* – **aurea . . . quondam** ~ *quī rūrsus Latiō* („für . . .") *per arva* (W) *quondam Sāturnō* („von . . .") *rēgnāta* (trans.: poet.) *aurea saecula condet*

794b **super** (*et*: S 8): über . . . hinaus – **Garamantas** (S 2b): Garamanten (N-Afrika)

795 **tellūs** (*Garamantum et Indōrum*) – **caeli-fer** ~ *quī caelum fert*

797 **āxis** ↗ 790 – (*in*) **umerō** – **aptus** h. ausgestattet, besetzt (mit)

798 **Hūius** ~ *Caesaris Augustī* – **horrent in** (poet.) **adventum** ~ *horrentēs exspectant adventum* – **re-spōnsa dīvum** (S 1): ~ *ōrācula*

799b **Maeōtia tellūs**: *sēdēs Scythārum* (am Asowschen Meer)

800 **septemgeminus** h. siebenarmig – **turbāre** h. in Unruhe sein – **trepidus** (St 14): W

801 **Alc-īdēs** ~ *Herculēs* (St 3) – **obīvit** (unkl.): ~ *obiit* – **fīxerit** (h. anschießen): abh. von **licet** – **aeri-pēs cerva** erzfüßige Hirschkuh – **Erymanthus**: *mōns*

803 **pac-ā(ve)rit** – **Lerna**: *vīcus* – **treme-facere** zum Zittern bringen

804 **nec** (*Līber/Bacchus tantum* . . . ↗ 801), **quī** – **pampin-eus** aus Weinlaub (*pámpinus*) – **iuga** (S 5) **flectere habēnīs** ein Gespann mit Zügeln (*habēna; habēre*) lenken

805 **Nysa**: *mōns* – **tigris, -is** Tiger; h. Panther

806 **Et** h. Und da (↗ 1,48) – **ex-tendere**: W – **Ausoniā** ~ *Italicā* – **prohibet** (*nōs*)

Quis procul ille autem ramis insignis olivae
sacra ferens? Nosco crinīs incanaque menta
regis Romani, primam qui legibus urbem
fundabit, Cŭrĭbus parvis et paupere terra
missus in imperium magnum. Cui deinde subibit,
otia qui rumpet patriae residesque movebit
Tullus in arma viros et iam desueta triumphis
agmina. Quem iuxta sequitur iactantior Ancus,
nunc quoque iam nimium gaudens popularibus auris.

Vis et Tarquinios reges animamque superbam
ultoris Bruti fascīsque videre receptos?
Consulis imperium hic primus saevasque securīs
accipiet, natosque pater nova bella moventīs
ad poenam pulchra pro libertate vocabit,
infelix, utcumque ferent ea facta minores:
Vincet amor patriae laudumque immensa cupīdo.
Quin Dĕcĭos Drūsosque procul saevumque securi
aspice Torquātum et referentem signa Camillum.

Illae autem, paribus quas fúlgere cernis in armis,
concordes animae nunc et dum nocte prementur,
heu quantum inter se bellum, si lumina vitae
attigerint, quantas acies stragemque ciebunt,

---

808 **Quis** (*est*) – **procul ille** (Gräzismus): jener in der Ferne Stehende – **olīva** Ölbaum
809 **sacra** h. Kultgeräte – **in-cānus** (auch zu *crīnis*): ergraut – **mentum** (S 5): Kinn, Bart
810 **prīmam** beginnend, noch jung
811 **fundāre** h. sichern, festigen – **Cŭrēs (-ium)**: *patria Nūmae rēgis* – (*ex*) **terrā**
812 **in imperium māgnum** h. zu mächtiger Herrschaft – **sub-īre** ~ *suc-cēdere*
813 **quī . . . Tullus** (814): ~ *Tullus, quī* – **rumpere** h. ~ *fīnīre* – **rĕ-sĕs, -idis** unttätig – **movēre** h. ~ *vocāre* – **dē-suētus** (+ Dat.): entwöhnt
815 **iuxtā**: S 9 – **iactantior** h. ~ *iactāns* bzw. *superbus*
816 **nimium** ~ *nimis* – **populāribus aurīs** (S 5): ~ *favōre populī*
817 **Vīs**(*-ne*) – **ul-tor** ↗ *ulcīscī* – **fascīs re-ceptōs** h. die wiedergewonnene Macht
822 **ut-cumque** wie sehr auch immer – **ferre** ~ *laudibus efferre* – **minōrēs** ~ *posterī*
824 **quīn** (+ Imperativ): wohlan – **saevum** ~ *saevientem* (W)
826 **Illae . . . animae** (827) – **fúlgere** ~ *fulgēre* – **heu**: W – **lūmina**: dt. Sg. – **at-tingere** erreichen – **strāgēs, -is** Blutbad – **ciēre aciēs strāgemque**: St 15

aggeribus sŏcĕr Alpinis atque arce Monoeci
descendens, gener adversis instructus Eōis!
Ne, pueri, ne tanta animis adsuescite bella
neu patriae validas in viscera vertite viris;
tuque prior, tu parce, genus qui ducis Olympo,
proice tela manu, sanguis meus!

Ille triumphatā Capitolia ad alta Corintho
victor aget currum, caesis insignis Achivis;
eruet ille Argōs Agamemnoniasque Mycenas
ipsumque Aeaciden, genus armipotentis Achilli,
ultus avos Troiae, templa et temerata Minervae.
Quis te, magne Cato, tacitum aut te, Cosse, relinquat?
Quis Gracchi genus aut geminos, duo fulmina belli,
Scipiadas, cladem Libyae, parvoque potentem
Fabricium vel te sulco, Serrane, serentem?
Quo fessum rapitis, Fabii? Tu Maximus ille es,
unus qui nobis cunctando restituis rem.

Excudent alii spirantia mollius aera
– credo equidem –, vivos ducent de marmore vultūs,
orabunt causas melius caelique meatus
describent radio et surgentia sidera dicent:

---

830 **aggeribus ... Alpīnīs** (~ *Alpium*): S 3c/10b – **Mon-oecus**: *cognōmen Herculis*

831 (*et*) **gener – adversī Eōī** (griech. *Eōs* Morgenröte): Truppen im Osten

832 **ad-suēscere animīs** (*alqd*): sich (an etw.) gewöhnen; *nē . . . adsuēscite* ~ Prohibitiv

833 **patriae . . . in viscera** (~ *in cīvēs vestrōs*) . . .: S 10b – **parce** (abs.): übe Schonung! – **dūcere** h. herleiten (von) – (*ē*) **manū** – (*sanguis*) **meus** (unkl. Vok.): ~ *mī*

836 **triumph-āre** h. völlig besiegen – **Capitōlia**: S 5 – **Achīvī**: W

838 **ēruere** ~ *dēlēre* – **Argī (-ōrum)**: Argos (n.) – **Agamemnoniās** ~ *Agamemnonis*

839 **Aeacidēs** ~ *Perseus* (*rēx Macédonum*; St 3) – **genus** (auch 842): ~ *prōgeniēs* – **armi-potēns** ~ *armīs potēns* – **Achillī**: h. Gen.

840 **avōs Trōiae** ~ *maiōrēs Trōiānōs* – **templa** (S 5) **et**: S 8 – **temerāre** entweihen

841 **tacitum** (h. pass.) **re-linquere** ~ *silentiō praeter-īre*

842 **geminōs** h. das Paar – **fulmina** (St 11): h. unwiderstehliche Helden – **clādēs**: St 11

843b **parvō** (neutrum): h. ~ *paupertāte* – **sulcus** Ackerfurche (S 3d)

845 **fessum** (*mē*) – **rapere** h. mit sich fortreißen – **rem** (*pūblicam*)

847 **ex-cūdere** „heraus-hämmern", formen (Futur ~ Konzessiv) – **spīrāntia** ~ *quae spīrāre videntur* – **aes**: St 11 – **dūcere dē** h. herausarbeiten aus

849 **ōrāre causās** Prozessreden halten – **meātus, -ūs** (Sternen-)Bahn

850 **radius** h. Zeichenstab – **dīcere** (S 6a): ~ *prae-dīcere*

Giuseppe Menozzi: *Gruppo allegorico eroico* des Vergildenkmals in Mantua, 1926.

851 Tu regere imperio populos, Romane, memento,
(hae tibi erunt artes) pacique imponere morem,
parcere subiectis et debellare superbos."

---

852 **mōs** h. Gesittung, Ordnung – **dē-bell-āre** ~ *bellō dē-vincere*

IX Bei Euander

T 26 Vorgeschichte Roms (8,306–336)

Aeneas wird von Euander/*Euandrus* (↗ zu 6,95 ff.) willkommen geheißen und zu einem feierlichen Opfer *(rēs dīvīnae)* eingeladen: Gefeiert wird Herakles, von dem hier der Räuber Căcus (griech. „der Böse“), ein Mischwesen aus Mensch und Tier, erschlagen worden war.

8,306 Exim se cuncti divinis rebus ad urbem
perfectis referunt. Ibat rex obsitus aevo
et comitem Aenean iuxta natumque tenebat
ingrediens varioque viam sermone levabat.
Miratur facilīsque oculos fert omnia circum
Aeneas capiturque locis et singula laetus
exquiritque auditque virum monimenta priorum.
Tum rex Euandrus, Romanae cónditor arcis:
„Haec nemora indigenae Fauni Nymphaeque tenebant
gensque virum truncis et duro robore nata,
quis neque mos neque cultus erat, nec iungere tauros
aut componere opes norant aut parcere parto,
sed rami atque asper victu venatus alebat.

Primus ab aetherio venit Saturnus Olympo
arma Iovis fugiens et regnis exul ademptis.

8, 306 **exim** (~ *exinde*): ~ *deinde* – **sē re-ferre** (*ad* ...): ~ *sē re-cipere*

307b **ób-situs** („besät“ mit) **aevō** vom Alter gezeichnet – **iuxtā tenēre** ~ *sēcum habēre* – **nātum** (*suum*): Pallas

309 **viam levāre** den Weg verkürzen; S 10b

310 **facilis** leicht beweglich; h. lebhaft – **oculōs** h. den Blick

312 **exquīrere** (*alqd*): h. sich erkundigen (nach etw.) – **virum**: Kasus? – **moni-menta** h. die Erklärungen (*monēre!*) zu den Denkmälern

314 **indi-gena** (*gignere*): einheimisch (adj./subst.) – **Faunī** (Pl.): Waldgottheiten – **tenēre** ~ *habitāre*

315 **truncus** (Baum-)Stamm; *truncīs et dūrō rōbore* ~ (*ē*) *truncīs dūrae quercūs* (St 7)

316 **quīs** ~ *quibus* – **cultus** h. höhere Lebensweise, Zivilisation – **nec ... aut** ~ *et quī neque ... neque* – **opēs com-pōnere** Vorräte anhäufen – **parcere** h. aufsparen

318 **rāmī** (Nom.): h. (Baum-)Früchte – **asper vīctū** (abl. limitationis): mühsam für den Lebensunterhalt – **vēnātus, -ūs** ↗ *vēnārī* – **alēbat** (*eōs*): auch auf *rāmī* zu beziehen

319 **aether-ius** h. in den Äther ragend, hochragend – **rēgnīs**: S 5

Pietro da Cortona: *Aeneas wird von Euander empfangen.* Fresko, 1651. Rom, Palazzo Doria Pamphili (heute: Brasilianische Botschaft).

Is genus indocile ac dispersum montibus altis
composuit legesque dedit Latiumque vocari
maluit, his quoniam latuisset tutus in oris.
Aurea quae perhibent illo sub rege fuēre
saecula: Sic placidā populos in pace regebat,
deterior donec paulatim ac decolor aetas
et belli rabies et amor successit habendi.
Tum manus Ausonia et gentes vēnēre Sicanae,
saepius et nomen posuit Saturnia tellus;
tum reges asperque immani corpore Thybris,
a quo post Itali fluvium cognomine Thybrim

---

321 **genus** ~ *gēns* (315) – **in-doc-ilis** h. ~ *im-perītus* – **com-pōnere** ~ *colligere* – **dedit** (*eī*) – **Latiumque vocārī**: erg. *ōrās* – **quoniam** (S 8) **latuisset** weil er ... habe

324 **quae per-hibent** (~ *dīcunt*): die sogenannten

326 **dēterior** (Komparativ): weniger gut, schlechter – **dē-color** „verfärbt"; entartet

327 **rabiēs** Raserei, Wahnsinn – **successit**: Kongruenz wie bei 318 *alēbat*

328 **manus Ausonia** ~ *Ausoniī* (in Süd-Italien) – **gentēs Sicānae** (poet.): ~ *Siculī*

329 **saepius et**: S 8 – **pōnere** ~ *dē-pōnere* (S 6a)

330 **rēgēs** (*vēnēre*) – **asper immānī corpore** (abl. qual.): der ungebärdige Riese

331 **post**: Adv. – **Thybris** (331; N): ~ *Tiberis*

diximus; amisit verum vetus Albula nomen.
333 Me pulsum patriā pelagique extrema sequentem
Fortuna omnipotens et ineluctabile fatum
335 his posuēre locis matrisque ēgēre tremenda
Carmentis nymphae monita ét deus auctor Apollo."

T 27 Das „Rom" des Euander (8,359–369)

Der Rundgang durch „Ur-Rom" führt vom *Forum Boārium* (Rindermarkt) am linken Tiberufer zum Palatinhügel. Dabei wird Aeneas von Euander/*Euandrus* u. a. zum Grab seiner Mutter Carmentis, auf den Kapitolshügel und den Platz des späteren Forums geführt.

8,359 Talibus inter se dictis ad tecta subibant
pauperis Euandri passimque armenta videbant
Romanoque foro et lautis mugire Carinis.
362 Ut ventum ad sedes: „Haec", inquit, „limina victor
Alcīdes subiit, haec illum regia cepit.
Aude, hospes, contemnere opes et te quoque dignum
365 finge deo rebusque vĕni non asper egenis!"
Dixit et angusti subter fastigia tecti
ingentem Aenean duxit stratisque locavit
effultum foliis et pelle Libýstidis ursae.
Nox ruit et fuscis tellurem amplectitur alis.

---

332 **vetus Albula** die frühere Albula
333 **extrēma pelagī sequī** die äußersten Grenzen des Meeres aufsuchen
334 **omni-potēns**: W – **in-ē-luctā-bilis, -e** unüberwindlich (*ē-luctārī* überwinden)
335 **pōnere** h. versetzen, bringen (in) – **treme-ndus** furchteinflößend
336 **Carmentis**: Gen. (ebenso im Nom.) – **auctor**: präd.

8, 359 **tēcta**: S 5 – **sub-īre** h. hinaufgehen
360 **armentum** (Rinder-)Herde – **lautus** „gewaschen"; stattlich – **mūgīre** („muhen", Lautmalerei!): brüllen – **Carīnae** (Pl.): *pars posteriōris Rōmae*
362 **ventum** (*est*): ~ *vēnērunt* – **Alc-īdēs** ~ *Herculēs* (St 3) – **subiit** (poet. mit langer Endsilbe): h. hat überschritten – **cēpit** ~ *ac-cēpit* (S 6a)
364 **audēre** h. es über sich bringen – **fingere** (*esse*; + AcI): sich vorstellen, dass – **asper** (+ Dat.): h. abweisend (gegenüber) – **egēnus** armselig
366 **sub-ter** (+ Akk.): unter ... hin, in ... hinein – **fastīgium** Giebel, Dach; *fastīgia* (S 5) *tēctī* (St 12): ~ *domum fastīgiō ōrnātam*
367 **locāre alqm ef-fultum** („gestützt" ↗ *fulcīre*): jd Platz nehmen lassen auf ...
368b **Libystis, -idis** aus Libyen (bzw. Nordafrika) stammend – **ursa** Bärin
369 **ruere** h. hereinbrechen – **fuscus** dunkel – **am-plectī**: W

T 28 Abschied von Pallas (8,554–584)

Euander verweist den Aeneas auf die Hilfe der Etrusker (*Tyrrhēnī*), vor allem auf die Stadt Agylla (später Caere; ca. 35 km nördlich von Rom), die ihren König Mezentius wegen dessen unmenschlicher Grausamkeit vertrieben hat. Die Etrusker hatten schon unter Tarchon ein Heer gerüstet zur Verfolgung des Mezentius (der zu Turnus ins südliche Latium geflohen war); doch warten sie auf die Erfüllung des Orakels, dass ein Ausländer die Leitung des Rachezuges übernehme. Euander (bzw. *Euandrus:* 558) erkennt in Aeneas den gesuchten Führer und schickt ihn mit 400 Reitern unter der Führung seines jungen Sohnes Pallas, der zum ersten Mal in den Krieg zieht, zu Tarchon.

8,554 Fama volat parvam subito vulgata per urbem
ocius ire equites Tyrrheni ad limina regis.
556 Vota metu dŭplicant matres, propiusque periclo
it timor et maior Martis iam apparet imago.
Tum pater Euandrus dextram complexus euntis
haeret, inexpletus lacrimis, ac talia fatur:
„O mihi praeteritos referat si Iuppiter annos,
qualis eram, cum primam aciem Praenestĕ sub ipsa
stravi scutorumque incendi victor acervos
et regem hac Ĕrŭlum dextrā sub Tartara misi,
nascenti cui trīs animas Fērōnia mater
– horrendum dictu – dederat: Terna arma movenda,
ter leto sternendus erat; cui tum tamen omnīs
abstulit haec animas dextra et totidem exuit armis:

8, 554 **fāma ...**: + AcI – **vulgāre** überall verbreiten
555 **ōcius** (Komp./Adv.): schneller; in Eile – **līmina** (Pl.): h. Wohnsitz
556 **du-plic-āre** ↗ *du-plex* – **propius it timor** ~ *timor magis ob oculōs mātrum versātur* – **periclō** ~ *propter perīculum* – **Mārs**: St 11
558 **complectī** h. ergreifen – **euntis** (*fīliī Pallantis*)
559 **haerēre** h. festhalten – **in-ex-plētus lacrimīs** unersättlich in ...
560 **Ō ... referat** (poet.) **sī** ~ *Utinam referret*
561a **quālis eram** ~ *ut iterum essem, quālis eram* – **prīmam** h. zum ersten Mal
561b **Praeneste**: Stadt; h. Abl. fem. zu *Praeneste, -is* – **sub ipsā** unmittelbar an den Mauern von ... – **acervus** Haufen
563 **hāc** ~ *meā* (ähnlich 567; 570) – **sub** (+ Akk.): W – **Tartara** ~ *īnferōs*
564 **trīs animās** ~ *trēs vītās* – **terna arma movenda** ~ *ter arma mihi capienda erant*
566 **lētō sternere** ~ *interficere* – **tot-idem**: W

Non egŏ nunc dulci amplexu divellerer usquam,
nate, tuo, neque finitimo Mezentius umquam
hunc capiti insultans tot ferro saeva dedisset
funera, tam multis viduasset civibus urbem.

At vos, o superi, et divum tu maxime rector
Iuppiter, Arcadii, quaeso, miserescite regis
et patrias audite preces. Si numina vestra
incolumem Pallanta mihī, si fata reservant,
si visurus eum vivo et venturus in unum:
vitam oro, patior quemvis durare laborem.
Sin aliquem infandum casum, Fortuna, minaris,
nunc, nunc o liceat crudelem abrumpere vitam,
dum curae ambiguae, dum spes incerta futuri,
dum te, care puer, mea sola et sera voluptas,
complexu teneo, gravior neu nuntius aurīs
vulneret." Haec genitor digressu dicta supremo
fundebat; famuli conlapsum in tecta ferebant.

---

568 **am-plexus, -ūs** Umarmung – **dī-vellere**: W

569 **Mezentius** ↗ Vorspann – **fīnitimō huic capitī** ~ *mihi, vīcīnō suō* – **īn-sultāre** (+ Dat.): verhöhnen

570b **dare fūnera** Mordtaten verüben – **viduāre** h. ~ *spoliāre*

572 **rēc-tor**: + Gen. – **Arcadiī**: zu **rēgis** (*Euandrī;* N) – **miserē-scere** ~ *miserērī*

574 **patriās** „eines Vaters"

575 **Pallantă**: S 2b – **re-servāre** ~ *servāre* (S 6b) – **vīvō** (+ Part. Fut.): ich lebe (mit der Bestimmung ...) – **venīre in ūnum** (*cum eō*): sich mit ihm vereinigen

577 (*sōlam*) **vītam ōrō,** *(sed)* **patior**

578 **īn-fandus**: W – **liceat** (*Fortūnae*) – **ab-rumpere**: W

580 **dum cūrae amb-iguae** („schwankend"): ~ *dum incertum est, utrum cūrae iūstae an vānae sint* – **spēs** (+ Gen.): h. Erwartung

581 **et sēra** „meines Alters"

582 **neu** (W; S 8): Fortsetzung von *liceat* (579) – **aurīs** (*meās*)

583 **dī-gressus, -ūs** h. Abschied – **con-lāpsum** ~ *tum con-lāpsus* (W; FW) *est et eum*

T 29 Schildbeschreibung (8,675–731)

Parallel zu dem Hilfegesuch des Aeneas an Euander schildert Vergil die Hilfsbereitschaft der Götter: Venus bittet ihren Gemahl Vulkan um göttliche Waffen für ihren Sohn. In der Schmiede der Kyklopen unter dem Ätna werden sie verfertigt (*8, 370–453). Diese Waffen erhält Aeneas beim Ritt zum Lager der Etrusker von seiner Mutter: Helm, Schwert, Brustpanzer, Beinschienen, Speer und den Schild – ein „im Wort nicht zu kündendes Kunstwerk“ (*625).
Die Reliefdarstellungen des Schildes zeigen Bilder aus Roms künftiger Geschichte, von Romulus über Catilina bis zur Schlacht von Aktium (Augustus).

In medio classīs aeratas, Actia bella,
cernere erat, totumque instructo Marte videres
fervĕrĕ Leucātēn auroque effulgĕrĕ fluctūs.
Hinc Augustus agens Italos in proelia Caesar
cum patribus populoque, penatibus et magnis dis,
stans celsa in puppi, geminas cui tempora flammas
laeta vomunt patriumque aperitur vertice sidus.
Parte aliā ventis et dis Agrippa secundis
arduus agmen agens, cui (belli insigne superbum)
tempora navali fulgent rostrata coronā.
Hinc ŏpĕ barbarica variisque Antonius armis,
victor ab Aurorae populis et litore rubro,
Aegyptum vīrīsque Orientis et ultima secum
Bactra vehit, sequiturque – nefas – Aegyptia coniunx.
Una omnes ruere ác totum spumare reductis
convulsum remis rostrisque tridentibus aequor.

8, 675 **in mediō** (*scūtō*) – **aer-ātus** (*aes*): erzbeschlagen – **Actia bella**: S 5 – **erat** (+ Inf.; Gräzismus): „man konnte“ – **-que** (S 7b): „ja“ – **Mārs** (St 11): h. Kriegsschiffe
677 **férvere** (~ *fervēre*): h. wimmeln (von) – **Leucātēn** (S 2a; Nom. *-tēs*): Vorgebirge von / Meer bei der westgriech. Insel Leukás (bei Aktium) – **ef-fúlgere** ~ *fulgēre*
678 **hinc** ~ *ab alterā parte* (*ad-erat*); ↗ 685
680 **puppis**: W – **cui** (S 8): ~ *cuius* (ebenso 683) – **tempora**: W
681 **laetus** (präd.): h. (akt.) glückverheißend – **vomere** h. ~ *dif-fundere* – **aperītur** ~ *appāret* – **-que** (S 7c) **. . . vertice** ~ *et cuius in vertice*
682 **Parte aliā**: noch im Heer des Augustus! – **arduus** h. hochragend
684 **tempora**: W – **rōstrātus** (St 5): mit (kleinen, goldenen) Schiffsschnäbeln verziert
685 **ope barbaricā variīsque armīs** ~ *cui erant auxilia barbarōrum variīs armīs īnstrūcta*
686 **ab** von . . . her; h. über – **Aurōra** (St 11): Osten – **lītore rubrō** ~ *ā lītore maris rubrī*
687 **Aegyptum, Bactra** (n.Pl.): ~ *Aegyptōs, Bactriānōs* (im NO des Imperiums)
689 **ruere** (dahinstürmen), **spūmāre** (W): hist. Infinitive – **con-vulsus** h. aufgewühlt – **re-ductīs . . . rēmīs** unter den Ruderschlägen – **tridēns**: W

Alta petunt: pelago credas innare revulsas
Cyclădăs aut montīs concurrere montibus altos,
tanta mole viri turritis puppibus instant.
Stuppĕă flamma manu telisque volatile ferrum
spargitur, arva novā Neptunia caede rubescunt.
Regina in mediis patrio vocat agmina sistro
necdum etiam geminos a tergo respicit anguīs.
Omnigenumque deum monstra et latrator Anūbis
contra Neptunum et Venerem contraque Minervam
tela tenent. Saevit medio in certamine Māvors
caelatus ferro tristesque ex aethere Dirae
et scissā gaudens vadit Discordia pallā,
quam cum sanguineo sequitur Bellona flagello.

Actius haec cernens arcum intendebat Apollo
desuper; omnis eo terrore Aegyptus et Indi,
omnis Arabs, omnes vertebant terga Sabaei.
Ipsa videbatur ventis regina vocatis
vela dare et laxos iam iamque immittere funīs.
Illam inter caedes pallentem morte futurā
fecerat ignipotens undis et Ĭāpyge ferri,

---

691 **alta**: S 5 – **pelagus**: W – **in-n***(at)***āre** schwimmen (auf) – **re-vulsus** losgerissen
692 **Cycladăs**: S 2b – (*cum*) **montibus** (*altīs*) – **tantā mōle** (*nāvium*): mit solchen Kolossen (nämlich) – **turrī-tus** mit turmartigem Aufbau – **puppibus**: Dat.
694 **stupp-ea flamma** Brandfackel (*stuppa* Werg) – **volā-tile** (*volāre*) **ferrum**
695 **spargere** h. schleudern (*in nāvēs hostium*) – **arva** (W) **Neptūnia** ~ *mare* (↗ *mare arāre* 2,780) – **novā caede** ~ *prīmō sanguine*; S 10b – **rubē-scere** ↗ *ruber*
696 **in mediīs** (*nāvibus*) – **vocat** (*ad proelia*) – **sīstrum** Klapper (aus dem Isiskult) – **necdum etiam** ~ *et nōndum* – **re-spicere** ~ *a-spicere* – **anguis** (**-is;** m.): ~ *serpēns*
698 **omni-gena** (m./f.; S 1): allerlei – **lātrā-tor** „Beller“ – (*in-tenta*) **tenent**
700b **saevīre**: W – **Māvors** ~ *Mārs* – **caelāre**: W – **trīstis**: h. akt. – **Dīrae**: Rachegöttinnen – **gaudēns** (*caede*) – **palla** Mantel – **sanguin-eus**: W – **flagellum** Peitsche
704 **Actius ... Apollō** (S 10c): der Apollo von Aktium – **dē-super** von oben
706 **Sabaeī**: *incolae partis Arăbiae*
707 **vidēbātur** (pass.): „man konnte ...“ – **ventīs**: Dat. – **dare** h. überlassen
708b **laxōs** (entspannt) **im-mittere fūnīs** (↗ 2,239): die aus der Spannung gelösten Taue loslassen ~ mit vollen Segeln abfahren – **iam iam-que** im nächsten Augenblick
709 **Illam** ~ *Rēgīnam* – **inter caedēs** (*suōrum*) – **pallēns** (+ Abl.): bleich
710 **facere** (+ AcI): darstellen, wie ... – **īgni-potēns** Feuerbeherrscher (~ *Volcānus*: St 3) – **Iāpyx** (dreisilbig), **-ygis** NW-Wind – **ferrī**: W

contra autem magno maerentem corpore Nilum
pandentemque sinūs et tota veste vocantem
caeruleum in gremium lătĕbrosaque flumina victos.

At Caesar, trĭplĭci invectus Romana triumpho
moenia, dis Italis votum immortale sacrabat,
maxima ter centum totam delubra per urbem.
Laetitiā ludisque viae plausuque fremebant;
omnibus in templis matrum chorus, omnibus arae;
ante aras terram caesi strāvēre iuvenci.
Ipse sedens niveo candentis limine Phoebi
dona recognoscit populorum aptatque superbis
postibus; incedunt victae longo ordine gentes,
quam variae linguis, habitu tam vestis et armis.
Hic Nŏmădum gĕnŭs et discinctos Mulciber Afros,
hic Lĕlĕgas Cārasque sagittiferosque Gelonos
finxerat; Euphrātēs ibat iam mollior undis
extremique hominum Mŏrĭni Rhenusque bicornis
indomitique Dăhae et pontem indignatus Araxes.

Talia per clipeum Volcani, dona parentis,
miratur rerumque ignarus imagine gaudet
attollens umero famamque et fata nepotum.

---

711 **contrā**: Adv. – **pandere**: W – **sinūs** (S 5): *partem vestis*
713 **caeruleus**: W – **latebr-ōsa flūmina** h. Mündungsarme mit ihren Schlupfwinkeln
714 **tri-plex** ↗ *du-plex* – **moenia** (S 3a): ~ *urbem* – **vōtum** h. Weihegeschenk – **sacrāre** ~ *cōn-secrāre*; S 6a – **dēlūbra ...** „nämlich ...“; S 10b – **fremere** h. ~ *sonāre*
718 **ārae** Altäre (für Dankfeste) – **sternere** h. ~ *operīre* – **iuvencus, -ī** junger Stier
720 **Ipse** (*Augustus*) – **nĭv-eus** schneeweiß – **candēre** glänzen, strahlen – (*in*) **līmine – Phoebī** ~ *templī Phoebō dēdicātī*; St 11
721 **re-cognō-scere** prüfen, mustern – **aptāre**: W – **postis, -is** (m.): Tor(pfosten)
723 **quam ... tam** (nkl.): ~ *et ... et* – **habitus ... vestis** (Gen.): Tracht
724 **genus** ~ *gēns* – **dis-cīnctus** ohne Gürtel; entwaffnet – **Mulciber** ~ *Volcānus*
725a **Lelegas Cārasque** (S 2b): die Leleger und Karer (in Kleinasien)
725b **sagitti-fer** (*-fera ...*): Pfeile tragend – **Gelōnī** (-er): *pars Scythārum*
726 **ībat** ~ *fluēbat* – **extrēmī**: geografisch gesehen! – **Morinī** (-er): *gēns Galliae* – **bicornis** (*-is*): ~ *cum duōbus cornibus*
728 **Dahae**: *pars Scythārum* – **indīgnātus**: dt. Präs. – **Araxēs**: *flūmen in Armĕniā*
729 **per clipeum** (W): verteilt über ... – **dōna**: S 5 – **mīrātur** (*Aenēās*) – **rēs** (Pl.): h. Bedeutung – **at-tollere**: W – **umerō** (S 3d): ~ *in umerum*

X Kampf und Entscheidung

T 30 Turnus tötet Pallas (10,439–509)

Von den Etruskern kehrt Aeneas mit neuen Verbündeten zu seinem Lager an der Tibermündung zurück, das gerade von den Rutulern unter Turnus berannt wird. Sofort greift Aeneas in das Kampfgeschehen ein. Gleichzeitig erringt Pallas mit seinen Arkadern ersten Kriegsruhm. Als ihm aber der junge Lausus, Sohn des verhassten Mezentius (↗ Vorspann zu T 28), entgegentritt, will Jupiter einen Zweikampf der beiden verhindern. Da kommt Turnus, ermuntert von seiner göttlichen Schwester.

Interea soror alma monet succedere Lauso
Turnum, qui volŭcri curru medium secat agmen.
Ut vidit socios: „Tempus desistere pugnae;
solus ego ín Pallanta feror, soli mihi Pallas
debetur; cuperem ipse parens spectator adesset."
Haec ăĭt, et socii cesserunt aequore iusso.
At Rutulum abscessu iuvenis tum iussa superba
miratus stŭpĕt in Turno corpusque per ingens
lumina volvit obitquĕ trŭci procul omnia visu,
talibus et dictis it contra dicta tyranni:
„Aut spoliis ego iam raptis laudabor opimis
aut leto insigni: Sorti pater aequus utrique est.
Tolle minas!" Fatus medium procedit in aequor;
frigidus Arcadibus cŏĭt in praecordia sanguis.

10, 439 **soror** (*Turnī*): *Iūturna* – **almus** gütig – **monēre**: h. + Inf. – **suc-cēdere** (+ Dat.): h. ablösen – **volucer, -cris, -cre** „geflügelt"; schnell

440b **secāre** „zerschneiden"; h. eilen (über) – **agmen** h. Schlachtfeld (St 11)

441 **tempus** (*est*) – **dēsistere**: unkl. mit Gen. – **Pallantă**: S 2b – **feror** (W): statt Futur

443 **cuperem ... adesset** ~ *vellem adesset* – **parēns** ~ *Euandrus*

444 **aequor** h. (Kampf-)Fläche (S 3c) – **iussō** „wie ihnen befohlen" (St 5)

445 **Rutulum** (S 1) **abs-cess-ū** ~ *cum Rutulī ab-īssent* – (*stupēre*) **in** beim Anblick (des)

446b **lūmina** (~ *oculōs*) **volvere per** den Blick gleiten lassen über – **vīsū ob-īre** ~ *spectāre* – **trux, -cis** grimmig, trotzig (wird dt. Adv.) – **procul** h. aus der Ferne

448 **et**: S 8 – **īre contrā** (+ Akk.): h. ~ *respondēre* (+ Dat.) – **tyrannus** ~ *dux*

449 **spŏlia opīma** (*-us* „fett"): herrliche Beute – **iam** h. bald (zu **laudābor**) – **rapere** h. (rasch) davontragen

450 **aequus** (+ Dat.): gewachsen, gefasst auf

451 **aequor** ↗ 444 – **frīgidus**: präd. – **co-īre** h. sich zusammendrängen, strömen – **Arcadibus** (Dat.) **in praecordia** (*-ōrum*): ~ *in corda Arcadum*

Desiluit Turnus biiugis, pĕdēs ápparat ire
comminus; utque leo, speculā cum vidit ab alta
stare procul campis meditantem in proelia taurum,
advolat, haud alia est Turni venientis imago.

Hunc ubi contiguum missae fore credidit hastae,
ire prior Pallas, si quā fors adiuvet ausum
viribus imparibus, magnúmque ita ad áethera fatur:
„Per pătrĭs hospitium et mensas, quas advena adisti,
te precor, Alcīdē, coeptis ingentibus adsis.
Cernat semineci sibi me rapere arma cruenta
victoremque ferant morientia lumina Turni."
Audiit Alcīdēs iuvenem magnumque sub imo
corde premit gemitum lacrimasque effundit inanīs.
Tum genitor natum dictis adfatur amicis:
„Stat sua cuique dies, brĕve ĕt inreparabile tempus
omnibus est vitae; sed famam extendere factis,
hoc virtutis opus. Troiae sub moenibus altis
tot gnati cecidēre deum, quin óccidit unā
Sarpēdon, meă progenies; etiam sua Turnum
fata vocant mētasque dati pervēnit ad aevi."

---

453 **bi-iugī, -ōrum** Zweigespann, Streitwagen – **pedes** (präd.): Nom. Sg. – **apparāre** ~ *parāre* – **com-minus** (Adv.): zum Nahkampf

454b **spec-ula** Höhe; Warte (↗ 4,586) – **cum**: S 8 – (*in*) **campīs** – **meditārī in** (+ Akk.): sinnen auf, sich anschicken zu – **proelia** (*cum alterō taurō*)

456 **haud alia est Turnī** (*ad-*)**venientis imāgō** ~ *tālis appāret Turnus*

457 **con-tig-uus** (*tangere*; + Dat.): „berührbar"; erreichbar (für)

458 **īre** (hist. Inf.): ~ *ad-īre* – **sī quā** (+ Konj.): ob irgendwie – **ausum** Wagnis

459 **vīribus imparibus** (abl. abs.): „trotz ..." – **aethēr**: W; S 2b

460 **hospit-ium, ad-vena**: W – **Alc-īdē** (griech. Vok.): ~ *Herculēs* (St 3) – **coeptum** Plan, Unternehmen – **adsīs**: Wunsch (wie 462)

462 **cernat** (*Turnus*) – **sēmi-nex, -necis** halbtot – **victōrem** (*mē*) – **ferre** h. ertragen

464 **sub**: W – **premere** (S 6a): h. unterdrücken – **gemitus**: W

466 **genitor** (*Herculis*) – **ad-fārī**: W – **amīcus** (Adj.): h. freundlich

467 **stāre** ~ *cōn-stāre* (S 6a) – **sua diēs** (poet. f.): erg. *mortis* – **in-reparā-bilis** unwiederbringlich – **ex-tendere**: W

470 **gnātus**: W – **quīn** (*etiam*) – **ūnā** (*cum aliīs*)

472 **fāta**: S 5 – **mētās** (S 5): ~ *fīnem*

Sic ait atque oculos Rutulorum réicit arvis.
At Pallas magnis emittit viribus hastam
vagīnaque cava fulgentem deripit ensem.
Illa volans, umeri surgunt qua tegmina summa,
incidit atque viam clipei mōlīta per oras
tandem etiam magno strinxit de corpore Turni.
Hic Turnus ferro praefixum robur acuto
in Pallanta diu librans iacit atque ĭtă fatur:
„Aspice, num mage sit nostrum penetrabile telum!“
Dixerat; at clipeum, tot ferri terga, tot aeris,
quem pellis totiens obeat circumdata tauri,
vibranti cuspis medium transverberat ictu
loricaeque moras et pectus perforat ingens.
Ille rapit calidum frustra de vulnere telum:
Un(a) eādemque viā sanguīs animusque sequuntur.
Corruit in vulnus – sonitum super arma dĕdēre –
et terram hostilem moriens petit ore cruento.

Quem Turnus super adsistens:
„Arcădĕs, haec“, inquit, „memores mea dicta referte
Euandro: Qualem meruit, Pallanta remitto.

---

473 **oculōs** (*suōs*) – **re-icere** (zur Metrik ↗ SK): ~ *ā-vertere* – **arvīs** (W): S 5/3c
474 **ē-mittere** ~ *iácere* – **vāgīna** Scheide – **cavus** h. umhüllend – **ēnsis**: W
476 **umerī** (Gen.): zu **teg-mina** (Bedeckungen) – **quā** (W): S 8
477 **incidit** h. trifft – **viam mōlīrī** sich einen Weg bahnen – **clipeus**: W – **ōra** (S 5): h. Rand – **stringere** (*dē*): (etw.) streifen, nur leicht berühren
479 **hīc** ~ *tum* – **prae-fīgere** vorne beschlagen (mit) – **rōbur** (St 11): Lanze (aus Kern-, Eichenholz) – **Pallantă**: S 2b – **lībrāre** schwingen
481 **mage** ~ *magis* – **penetrā-bilis** durchdringend; h. erfolgreich
482 **clipeum** (W) . . . **quem** (S 8) – **tergum** h. Schicht – **totiēns**: statt *tot* (+ Pl.) – **ob-eat** (h. überziehen): konzessiver Konj. – **circúmdata** h. herumgelegt
484 **vibrāre** schwingen; h. erschüttern – **cuspis**: W – **trāns-verberāre** durchschlagen
485 **lōrīca** (Ketten-)Panzer – **-que**: S 7c – **morae** „Hemmungen“; h. Schutz – **per-forāre** durchbohren (FW)
487 **sequuntur** (*tēlum ē-reptum*) – **cor-ruit** (~ *cadit*) **in vulnus** stürzt mit dem Gesicht zu Boden – **super** (*eum*) – **petere** (+ Akk.): h. beißen
490 **super**: S 9 – **ad-sistere** sich (hinzu-)stellen – **Arcădĕs**: mit griech. Endung – **memorēs** ~ *memoriae mandāte* . . . *et* – **meruit** (*Euandrus*) – **Pallantă**: S 2b

Quisquis honos tumuli, quidquid solamen humandi est,
largior. Haud illi stabunt Aenēĭă parvo
hospitia.“ Ét laevo pressit pede talia fatus
exanimem rapiens immania pondera báltei
impressumque nefas: Unā sub nocte iugali
caesa manus iuvenum foede thalamique cruenti,
quae Clŏnŭs Eury̆tĭdes multo caelaverat auro;
quo nunc Turnus ovat spolio gaudetque potitus.

Nescia mens hominum fati sortisque futurae
et servare modum rebus sublata secundis!
Turno tempus erit, magno cum optaverit emptum
intactum Pallanta et cum spolia ista diemque
oderit. At socii multo gemitu lacrimisque
impositum scuto referunt Pallanta frequentes.
O dolor atque decus magnum rediture parenti.
Haec te prima dies bello dedit, haec eadem aufert,
cum tamen ingentīs Rutulorum linquis acervos.

---

493 **sōlā-men** ~ *sōlācium* – **humāre** bestatten

494 **illī** ~ *Euandrō* – **stāre** (S 6a): h. zu stehen kommen – **Aenēia ... hospitia** (S 5): ~ *hospitium* (W) ... *Aenēae*

495b (*dē-*)**pressit**: S 6a – **ex-animis, -e** leblos

496b **balteus** Schultergurt (zur Befestigung des Schwertes) – **immānia ... nefās** ~ *balteum immānis ponderis, in quō nefās impressum erat* (einprägen; darstellen)

497b **sub**: h. zeitlich – **nox iug-ālis** Hochzeitsnacht – **thalamus**: W – **Ūnā ... cruentī**: Apposition zu *nefās* (497a)

499 **quae**: Akk.! – **Euryt-idēs** ~ *fīlius Eurytī* (St 3) – **caelāre**: W

500 **ovāre** jubeln – **quō ... spoliō** (statt Plur.: 504): auch zu **potītus** (kausal); S 10b

501 **ne-scius** (+ Gen./Inf.): ~ *īn-scius*

503 **māgnō**: zu **ēmptum** – (*tempus*) **cum** („wo“) **optāverit** (h. + AcI)/**ōderit**: cum relativum, h. + Konj. (wohl Potentialis) – **in-tāctum** ~ *incolumem*

505 **sociī** ~ *Árcades* – **gemitus**: W – **impositum** ~ *im-pōnunt et* – **scūtō**: S 3d/e

507 **Ō**: zu **reditūre** (*Pallās*) – **dolor/decus**: präd. (~ *causa dolōris* ...)

508 **diēs**: h. fem. (↗ 467) – **eadem** h. dann wieder – **auferre** h. hinwegraffen

509 **cum** (relativum): zu einer Zeit, wo – **tamen** „immerhin“ – **Rutulōrum** (N): erg. *mortuōrum* – **linquere**: W – **acervus** Haufen, Berg

Turnus tötet Pallas (Ausschnitt). Aus der Grüninger-Ausgabe (1502).

T 31 Vertragsschwur (12,175–194)

Ein Zweikampf zwischen Turnus und Aeneas soll die Entscheidung bringen. Turnus hat ihn gefordert, obwohl er von dem friedliebenden König Latinus und von Königin Amata gewarnt wird, die um das Leben des von ihr gewünschten Schwiegersohnes bangt. Auch Aeneas ist kampfbereit. Die Bedingungen werden in einem feierlichen Vertrag zwischen ihm und König Latinus beschworen.

Tum pius Aeneas stricto sic ense precatur:
„Esto nunc Sol testis et haec mihi Terra vocanti,
quam propter tantos potui perferre labores,
et pater omnipotens et tu Saturnia coniunx
– iam melior, iam, diva, precor – tuque inclute Mavors,
cuncta tuo qui bella, pater, sub numine torques;
Fontīsquē Fluviosquĕ voco, quaeque aetheris alti
rēligio et quae caeruleo sunt numina ponto:
Cesserit Ausonio si fors victoria Turno,
convenit Euandri victos discedere ad urbem,
cedet Ĭūlus ăgris, nec post arma ulla rebelles
Aeneadae referent ferrove haec regna lacessent.
Sin nostrum adnuerit nobis Victoria Martem,
– ut potius rĕŏr et potius di numine firment –
non ego nec Teucris Italos parēre iubebo
nec mihi regna peto: Paribus se legibus ambae
invictae gentes aeterna in foedera mittant.

12, 175 **ēnsis**: W – (*ad-*)**vocāre**: S 6a (auch 181) – **propter**: S 8
178 **omni-potēns**: W – **Sāturnia coniūnx** ~ *Iūnō*
179 **iam melior** h. nun endlich besser gestimmt (das zweite *iam* verstärkt) – **in-clutus**: W – **Māvors** ~ *Mārs* – **sub nūmine** ~ *secundum voluntātem* – **torquēre** ~ *regere*
181 **quae-que ... religiō** (h. Heiligkeit; sc. *est*; zur Metrik ↗ zu 1,30): h. ~ *tē, aethēr* (W) *alte* – **quae ... pontō** ~ *et vōs nūmina, quae estis in pontō caeruleō* (W)
183 **cēdere** h. zufallen – **Ausonius** (W): ~ *Italus* – **sī fors** (h. adv.): wenn etwa
184 **con-venit** (+ AcI): („überein-kommen“) es gilt (dass); erg. *nōs*
185 **post**: Adv. – **re-bellis, -e** ↗ FW – **Aeneadae** Männer des Aeneas, „meine Leute“ – **arma ... re-ferre** ~ *bellum rūrsus īn-ferre* – **rēgna**: S 5
187 **nostrum Mārtem** h. den Erfolg im Kampf – **adnuere** (poet.): h. zusprechen – **Victōria**: Personifizierung – **firment** (Optativ): h. bestätigen
189 **nōn** (*nec ... nec*): pleon. (St 13) – **Teucrī**: W
190 **lēgibus** ~ *condiciōnibus* – **invictae**: präd. – **sē in foedus mittere** ~ *foedus in-īre*

Sacra deosque dabo; sŏcĕr arma Latinus habeto,
imperium sollemne socer; mihi moenia Teucri
constituent urbique dabit Lāvīnia nomen.“

T 32 Versöhnung der Götter (12,791–842)

Zunächst wird der Zweikampf (↗ T 31) vereitelt: Juturna, die Schwester des Turnus, hetzt auf Veranlassung Junos die feindlichen Heere gegeneinander. Dabei wird Aeneas verwundet, aber von Venus versorgt. Aeneas drängt Turnus zurück und beginnt einen Sturmangriff auf die Stadt des Latinus. Jetzt stellt sich Turnus dem Zweikampf: Da zerbricht sein Schwert, aber auch der Speer des Aeneas verfehlt den Gegner und haftet unlösbar in einem Baumstumpf. Juturna und Venus statten ihre Schützlinge erneut mit Waffen aus.
Gleichzeitig findet eine „Krisensitzung“ im Olymp statt.

Iunonem interea rex omnipotentis Olympi
adloquitur fulva pugnas de nube tuentem:
„Quae iam finis erit, coniunx? Quid denique restat?
Indigetem Aenean scis ipsa et scire fateris
deberi caelo fatisque ad sidera tolli.
Quid struis? Aut qua spe gelidis in nubibus haeres?
Mortalin decuit violari vulnere divum,
aut ensem – quid enim sine te Iuturna valeret? –
ereptum reddi Turno et vim crescere victis?
Desine iam tandem precibusque inflectere nostris,
ne te tantus ĕdat tacitam dolor et mihi curae
saepe tuo dulci tristes ex ore recursent.

---

193 **imperium sollemne** („die übliche“): h. die Gewalt im Frieden

12, 791 **omni-potēns** (W): St 5 – **ad-loquī, fulvus**: W
793 **Quae iam fīnis** (fem.!): ~ *Quandō tandem fīnis lītis* – **Indiges, -etis** Stammvater (Kultname) – (*tē*) **scīre**
796 **struere** h. planen – **haerēs** ~ *sedēs*
797 **mortālī-n**(*e*): h. von menschlicher Hand verursacht – **dīvus** ~ *Indiges Aenēās*
798 **ēnsis**: W – **Iūturna** ↗ Vorspann – **valēret**: h. statt *valuisset* – **victīs** (*Ausoniīs*)
800 **iam** h. nunmehr – **-que**: S 7c – **īn-flectere**: kein Inf.!
801 **et** ~ *nēve* – **trīstis** (akt.): traurig machend, bedrückend – **re-cursāre** ~ *occurrere*

Ventum ad supremum est. Terris agitare vel undis
Troianos potuisti, infandum accendere bellum,
deformare domum et luctu miscere hymenaeos:
Ulterĭus temptare veto.“ Sic Iuppiter orsus.

Sic dea summisso contra Saturnia vultu:
„Ista quidem quia nota mihī tua, magne, voluntas,
Iuppiter, et Turnum et terras invita reliqui;
nec tu me āëriā solam nunc sede videres
digna indigna pati, sed flammis cincta sub ipsa
starem acie traheremque inimica in proelia Teucros.
Iuturnam misero – fateor – succurrere fratri
suasi et pro vita maiora audere probavi,
non ut tela tamen, non ut contenderet arcum;
adiuro Stygii caput implacabile fontis,
una superstitio superis quae reddita divis.
Et nunc cedo equidem pugnasque exosa relinquo.
Illud te, nullā fati quod lege tenetur,
pro Latio obtestor, pro maiestate tuorum:

---

804 **īnfandus**: W – (*accendere*) **bellum** (St 10): h. Kriegsflamme

805 **dēformāre domum** h. Schande über das Haus bringen – **hymenaeōs** ~ *gaudium nuptiārum*

806 **Ulterius** (innerer Akk.) **temptāre** Weitere Versuche (der Störung)

807 **dea Sāturn-ia** (St 3): ~ *Iūnō* – **sum-missus** ~ *dē-missus* – **contrā** ~ *respondit*

808 **quia**: S 8 – **(ista ...) tua, māgne, voluntās, Iuppiter**: S 10b – **nōta** (*est*)

810 **āĕr-ius** ↗ *āēr* – **dīgna** (*et*) **in-dīgna** – **sub** h. ~ unten in

812 **inimīca** (Nom. Pl.): h. verderblich – **Teucrī**: W

814 **suāsī**: h. + AcI – **prō vītā** (*frātris*)

815 **nōn ut ... tamen** ~ *tamen nōn ita* (so weit), *ut* – **con-tendere** ~ *tendere* (zu *tēla*: St 15): h. richten (gegen die Feinde)

816 **ad-iūrāre alqm** ~ *iūrāre per alqm* – **caput fontis** (St 13): Quellwasser – **im-plācā-bilis** (unversöhnlich): St 5 (gehört eigtl. zu *Stygiī*)

817 **superstitiō** h. ~ *iūsiūrandum* – **quae**: S 8 – **red-dita** ~ *data* (*est*)

818 **ex-ōsus** hassend, verabscheuend – **illud**: Ankündigung des von **ob-testor** (~ *obsecro*) abh. Satzes (823/5: *nē ... neu*) – **tenētur** h. festgelegt ist

Cum iam cōnūbiis pacem felicibus – esto –
component, cum iam leges et foedera iungent,
ne vetus indigenas nomen mutare Latinos
neu Troas fieri iubeas Teucrosque vocari
aut vocem mutare viros aut vertere vestem.
Sit Latium, sint Albani per saecula reges,
sit Romana potens Italā virtute propago:
Occidit occideritque sinas cum nomine Troia."

Olli subridens hominum rerumque repertor:
„Es germana Iovis Saturnique altera proles,
irarum tantos volvis sub pectore fluctus.
Verum age et inceptum frustra summitte furorem:
Do, quod vis, et me victusque volensque remitto.
Sermonem Ausonii patrium moresque tenebunt,
utque est, nomen erit; commixti corpore tantum
subsident Teucri. Morem ritusque sacrorum
adiciam faciamque omnīs uno ore Latinos.
Hinc genus Ausonio mixtum quod sanguine surget,
supra homines, supra ire deos pietate videbis,
nec gens ulla tuos aeque celebrabit honores."
Adnuit his Iuno et mentem laetata retorsit;
interea excedit caelo nubemque relinquit.

---

821 **cum iam** wenn schon (Zugeständnis ↗ *estō*) – (*pācem*) **com-pōnere** h. besiegeln – **lēgēs et foedera iungent** ~ *condiciōnēs foederis facient*

823 **indigena** (m.): einheimisch – **neu**: W – **vōx** ~ *lingua* – **vertere** h. wechseln

826 **Sit/sint** ~ *manea(n)t* – **sit** (827): + Präd.-Nomen

827 **prō-pāgō** ~ *prōlēs* – **occideritque** (S 7c) **sinās** ~ *et sinās* (+ Konj.) *occiderit*

829 **Ollī** (~ *illī*) **sub-rīdēns** (zu-) **... reper-tor** (Schöpfer): ↗ 1,254 – **germāna** ~ *soror*

831 **sub**: W – **vērum age et** (pleon.): aber wohlan – **frūstrā**: zum PPP – **sum-mittere** ~ *domāre*

833 **sē re-mittere** ~ *con-cēdere*

834 **Ausonī** ~ *Italī* – **tenēre** (S 6a): ~ *re-tinēre* – **com-mixtī corpore** blutsmäßig verbunden – **sub-sīdere** ~ *cōn-sīdere* – **ōre** ~ *sermōne* (834)

838 **Hinc ... vidēbis** (839): ~ *Quod* (S 8) *genus* | *(cum) sanguine Ausoniō mixtum* | *hinc surget, (id) suprā īre* (~ *superāre*) *... vidēbis*

840 **aequē** h. ebenso – **honōrēs** h. Kult

841 **laetāta**: St 14 – **re-torquēre** ~ *com-mūtāre*

T 33 Zweikampf der Helden (12,887–952)

Nachdem Junos Widerstand aufgehoben ist, muss auch ihre Helferin Juturna aufgeben. Jupiter zeigt ihr und dem Rutulerfürsten Turnus durch die Todesgöttin, die in Gestalt eines Käuzchens den Schild des Turnus umflattert, an, dass für Turnus das Ende bestimmt und somit ihre Hilfe vergeblich sei.
Die entscheidende Phase der Auseinandersetzung beginnt:

Aeneas instat contra telumque coruscat
ingens arboreum et saevo sic pectore fatur:
„Quae nunc deinde mora est? Aut quid iam, Turne, retractas?
Non cursu, saevis certandum est comminus armis.
Verte omnīs tete in facies et contrahe, quidquid
sive animis sive arte vales; opta ardua pennis
astra sequi clausumque cavā te condere terrā!“
Ille caput quassans: „Non me tua fervida terrent
dicta, ferox; di me terrent et Iuppiter hostis.“
Nec plura effatus saxum circumspicit ingens,
saxum antiquum ingens, campo quod forte iacebat,
limĕs ăgro positus, litem ut discerneret arvis.
Vix illum lecti bis sex cervice subirent,
qualia nunc hominum producit corpora tellus;
ille manu raptum trepida torquebat in hostem
altior insurgens et cursu concitus heros.

12, 887 **īnstare contra** einstürmen (auf Turnus) – **coruscāre** schwingen (trans.)
888 **arbor-eus** baum-lang (St 8) – **deinde** h. noch – **re-tractās** ~ *re-cūsās pugnāre*
890 **com-minus** (Adv.; *manus*): im Kampf Mann gegen Mann
891 **sē** (*con-*)**vertere** (S 6a) **in faciem** eine Gestalt annehmen – **omnīs** h. alle möglichen; S 10b – **tētē** ~ *tē* – **con-trahere** zusammenraffen, zeigen
892 **optāre**: h. + Inf. – **ardua** h. ~ *supera* – **pennīs sequī** (+ Akk.): sich aufschwingen (zu) – **clausum**: St 14 – **cavus** h. (akt.) umhüllend, schützend
894 **quassāre** schütteln – **ferv-idus** h. wütend – **hostis** h. ~ *hostīlis*
896 **ef-fārī**: W – **circum-spicere alqd** nach etwas suchen
898 **līmes** h. Grenzstein – **dis-cernere** h. (aus-)scheiden, fernhalten – **arvum**: W
899 **lēctī ... quālia** (900) **... corpora** ~ *virī ēlēctī tālibus corporibus, quālia* – **cervīce** (unkl. ~ *cervīcibus*) **sub-īre** ~ *levāre*
901a **raptum** ~ *hoc saxum rapuit* (schnell erheben) *et* – **trepidus**: W
901b **torquēbat** ~ *torquēns iēcit* – **altior**: präd. – **īn-surgēns**: S 6b – **cursū concitus** (*con-ciēre* in Bewegung setzen): mit Anlauf – **hērōs** (griech.; Nom. Sg.): Held

Sed neque currentem se nec cognoscit euntem
tollentemve manu saxumve immane moventem;
genua labant, gelidus concrevit frigore sanguis.
Tum lapis ipse viri, vacuum per inane volutus,
nec spatium evasit totum neque pertulit ictum.
Ac velut in somnis, oculos ubi languidă pressit
nocte quies, nequiquam avidos extendere cursus
velle videmur et in mediis conatibus aegri
succidimus; non lingua valet, non corpore notae
sufficiunt vires, nec vox aut verba sequuntur:
Sic Turno, quacumque viam virtute petivit,
successum dea dira negat. Tum pectore sensus
vertuntur varii; Rutulos aspectat et urbem
cunctaturque metu letumque instare tremescit;
nec quo se eripiat, nec qua vi tendat in hostem,
nec currūs usquam vĭdēt aurīgamve sororem.

Cunctanti telum Aeneas fatale coruscat
sortītus fortunam oculis et corpore toto
eminus intorquet.

---

903 **currentem ...**: Kein dt. Relativsatz! – **co-gnōscere** h. wieder-erkennen
904 (*saxum-*)**ve**: ↗ S 7c (statt *tollentem-ve*)
905 **genua**: lies *genva* – **labāre** wanken (*lābī*) – **gelidum** (St 14) **con-crēscere** gerinnen, stocken – **frīgus** h. ~ *terror*
906 **ināne** (n.): Luft – **volvere** ~ *torquēre* (901) – **ē-vādere** h. durchmessen
907b **ictum per-ferre** „den Stoß ins Ziel tragen“; mit Wucht treffen
908 **in somnīs** (S 5): ~ *in somniō* – **languidus** (akt.): einschläfernd
909 **avidōs**: dt. Adv. – **ex-tendere** h. beschleunigen – **vidēmur** (*nōbīs*): wir meinen
910b **cōnātus, -ūs** ↗ *cōnārī* – **aeger** h. ~ *ex-haustus* – **suc-cidere** ~ *con-cidere*
911b **nōn valet** ~ *torpet* – **corpore**: statt *corporis* – **nōn sequī** ~ *dēficere*
913 **quā**(*-cumque*): W – (*viam*) **petere** einschlagen – **suc-cessus, -ūs** Erfolg – **dea dīră** ~ *Dīrē* (↗ zu 4,610) – **sēnsus** h. Gedanke – **vertī** ~ *volvī*
915b **a-spectāre** ~ *saepe a(d)-spicere* – **tremē-scō** ~ *tremēns cognōscō*; h. + AcI
917 **sē ē-ripere** ~ *fugere* – **quā vī** mit welcher Gewalt, wie (er) mit Gewalt – **tendere in** sich werfen auf – **currūs**: S 5 – **aurīga** Wagenlenker(in)
919 **coruscāre** (vgl. 887): schleudern; + Dat.: S 3d
920 **sortīrī** („erlosen“) **oculīs fortūnam** h. eine günstige Stelle erspähen
921a **ēminus** ~ *procul* – **in-torquēre** (S 6b): 901

Jacopo Amigoni: *Aeneas tötet Turnus.* Fresko, 1721. Schleißheim, Weißer Saal.

921b Muráli concita numquam
tormento sic saxa fremunt nec fulmine tanti
dissultant crepitus. Volat atri turbinis instar
exitium dirum hasta ferens orasque recludit
lorīcae et clipei extremos septemplicis orbīs;
per medium stridens transit fĕmŭr. Incidit ictus
ingens ad terram duplicato poplite Turnus.

921b **mūrāle tor-mentum** Mauerbrecher, Wurfmaschine – **con-citus** geschleudert (↗ 902) – **fremere** h. sausen

922b **dis-sultant tantī crepit-ūs** (*crepāre*): „so große krachende Schläge springen auseinander“; es kracht so sehr

923b **turbō**: W – **īnstar** (↗ 2,15): ~ *modō* (+ Gen.)

924 **ōra**: h. (unterer) Rand (S 5) – **re-clūdere** h. durchbrechen – **lōrīca** (Ketten-)Panzer – **clipeus**: W – **septem-plex** ↗ *du-plex* – **orbīs** (S 5): ~ *ōram* (924); S 10b

926a **strīdĕre** zischen – **trāns-īre** h. durchbohren – **femur, -oris** (n.): Oberschenkel

926b **in-cidere** ... **ad** ~ *cadere in* (+ Akk.) – **ictus**: PPP

927 **dŭ-plicātō poplite** mit zusammengeknicktem Knie (eigtl. Kniekehle: *poples*; m.)

Consurgunt gemitu Rutuli totusque remugit
mons circum, et vocem late nemora alta remittunt.

Ille humilīs supplex oculos dextramque precantem
protendens: „Equidem merui nec deprecor“, inquit;
„utere sorte tua! Miseri te si qua parentis
tangere cura potest, oro – fuit et tibi talis
Anchises genitor – Dauni miserere senectae
et me, seu corpus spoliatum lumine mavis,
redde meis! Vicisti, et victum tendere palmas
Ausonii vīdēre; tua est Lavinia coniunx:
Ulterius ne tende odiis.“ Stetit acer in armis
Aeneas volvens oculos dextramque repressit;

et iam iamque magis cunctantem flectere sermo
coeperat, infelix umero cum apparuit alto
balteus et notis fulserunt cingula bullis
Pallantis pueri, victum quem vulnere Turnus
straverat atque umeris inimicum insigne gerebat.
Ille, oculis postquam saevi monimenta doloris
exuviasque hausit, furiis accensus et irā
terribilis: „Tune hinc spoliis indute meorum
eripiare mihi? Pallas te hoc vulnere, Pallas
immolat et poenam scelerato ex sanguine sumit.“

---

928 **cōn-surgere**: S 6b – (*cum*) **gemitū** (W) – **re-mūgīre** widerhallen (↗ 8,361)
929 **mōns** ~ *montēs* – **circum**: Adv. – **vōcem** ~ *vōcēs* (*Rutulōrum*)
930 **humilis** h. auf dem Boden kniend – **prō-tendere** h. erheben (bei *oculōs* St 15)
931b **meruī** (*id* bzw. *mortem*) – **dē-precārī** ~ *precibus ā-vertere* – **sors** h. ~ *commodum*
934 **Daunī**: *patris meī* – **senecta** ~ *senectūs* – **mē** (*vīvum*) – **seu** ~ *vel sī* – **lūmine** ~ *vītā*
936 (*mē*) **victum** – **palma** ~ *manus* – **Ausoniī** (W): ~ *Italī*
938a **ulterius nē tende odiīs** (S 5): ~ *nē diū-tius extenderis odium tuum*
938b **in armīs** in voller Rüstung – **re-primere** ~ *re-tinēre*
940 **iam iamque magis** immer mehr
941 **īn-fēlīx**: W – **altō** ~ *summō* (präd.) – **balteus** ~ **cingulum** (S 5): Schultergurt (für das Schwert) – **bulla** (reliefverzierter) Knopf, Metallplatte
943 **victum quem** ~ *quem vīcerat et* – **atque** (*cuius*) **īnsīgne . . .** (*nunc*) **gerēbat**
946 **exuviae**: W – **oculīs haurīre** h. fest ansehen – **furia** (W): S 5 – **tū**: Vok. (↗ *indūte*)
948 **ē-ripiāre**: Konj. als Ausdruck des Unwillens – (*poenam*) **sūmere ex** vollziehen an

Barry Moser: *Aeneas tötet Turnus.* Buchillustration, 1981.

Hoc dicens ferrum adverso sub pectore condit
fervidus; ast illi solvuntur frigore membra
vitaque cúm gemitu fŭgĭt indignata sub umbras.

---

950 **ad-versus** h. zugekehrt – **con-dere sub** (+ Abl.): hineinstoßen tief in
951 **ferv-idus** ~ *saevus* – **ast** ~ *at* – **frīgore** h. ~ *morte*
952 **gemitus**: W – **indīgnāta** ~ *indīgnāns* – **sub** (+ Akk.): W

Anhänge

S 1. Sprache

Folgende auch in der Prosa häufige Erscheinungen sollten bekannt sein; sie werden deshalb im Kommentar nur ausnahmsweise erwähnt:

-īs im Akk. Plur. in der 3. Deklination statt *-ēs*: 1,93 *duplicīs ~ duplicēs.*
-ēre als 3. Pers. Plur. Ind. Perf. Akt. statt *-ērunt*: 1,12 *tenuēre ~ tenuērunt.*
-re als 2. Pers. Sing. bei Pass./Depon. statt *-ris*: 4,625 *exoriāre ~ exoriāris.*
Ausfall des **-v-** (**-ve-/-vi-**) im Perfektstamm: 4,164 *petiēre ~ petīvērunt.*
Ausfall von **esse (Ellipse)**, bes. bei PPP/Part. Fut.: 1,22 *ventūrum.*

Folgende Besonderheiten zur Formenlehre (S 1–2), Syntax (S 3–5), Wortwahl (S 6–7) und Wortstellung (S 8–10) sind in der (epischen) Dichtung sehr häufig:

1 ***-um*** steht oft im Gen. Plur. meist der o-Deklination (v. a. bei Masculina), selten der a-Deklination (z. T. bewusster Archaismus [St 4], z. T. Verszwang); bes. häufig sind *Danaum, deum* (auch in Prosa), *dīvum, virum* (auch in Prosa): 1,4 *superum ~ superōrum.*

2 Griechische Akkusativ-Endungen:
a Substantive auf *-ās* bzw. *-ēs*/*-ē* bilden den Akk. Sing. auf ***-ān*** bzw. ***-ēn***: 1,260 *Aenēān*; 4,632 *Barcēn.*
b Die 3. Deklination bildet ***-ă*/*-ăs***: 1,587 *aetheră ~ aetherem*; 1,30 *Troăs ~ Troēs.*

3 Ortsangaben (Kasus ohne Präposition):
Die von den Städten/kleinen Inseln bekannte Weglassung der Präposition findet sich bei Dichtern auch sonst, bes. bei Ländern:
a Akk. des Ziels und der Richtung: 1,2 *Ītaliam ~ in Ītaliam.*
b Abl. des Ortes (wo?): 1,3 *terrīs ~ in terrīs.*
c Abl. der Trennung bzw. des Ursprungs: 1,31 *Latiō ~ ā Latiō.*
d Dat. des Ziels (wohin?): 1,6 *īnferret ... Latiō ~ īnferret in Latium.*
e Überhaupt steht die Präposition oft beim Verb, wo wir sie beim Substantiv erwarten: 1,49 *ārīs impōnet ~ in ārīs pōnet.*

4 Akk. der Beziehung 1,589 *ōs ... deō similis ~ ōre similis deō.*

5 Plural statt Singular (oft zur Verstärkung) 1,1 *ab ōrīs ~ ab ōrā.*
1,20 *arcēs* große/vielteilige Burg.

6 Bei den Verben steht oft
a Verbum simplex pro composito: 1,20 *verteret ~ ē-verteret.*
b Verbum compositum statt simplex: 4,176 *at-tollit ~ tollit.*

7 Beiordnende Konjunktionen ***et*/*atque*/*-que*** sind oft:
a erläuternd: 1,27 *sprētae**que** „und zwar, nämlich".*
b steigernd: 1,30 ***atqu(e)*** *immītis Achillī „und besonders".*
c ***-que*** ist gelegentlich nicht an das vom Satzbau geforderte Wort angehängt: 2,681 *maestōrum**qu(e)** ōra ~ et (inter) ōra maestōrum.*

8 Nachstellung (**Inversion** „Versetzung") von Konjunktion (+ Subjunktion) und Relativpronomen: 1,1 *Trōiae quī prīmus ab ōrīs* ~ *quī prīmus ab ōrīs Trōiae.*

9 Nachstellung der Präposition (**Anastrophé** „Zurückziehung"), wobei oft noch ein Adjektiv folgt: 4,158 *pecor(a) inter inertia* ~ *inter pecora inertia.*

10 Trennung zusammengehöriger Wörter (**Hypérbaton** „das Versetzte"):

a „Dreiwortgruppe": 1,12 *Tyriī tenuēre colōnī.*

b „Überkreuzte Stellung": 1,4 *saevae memorem Iūnōnis ob īram.*

c Verteilung über den Vers (meist Attribut und Substantiv); häufig:
– am Versanfang und -ende: 1,91 *praesentemque virīs intentant omnia mortem.*
– vor der Zäsur und am Versende (gelegentlich mit Binnenreim):
2,31 *pars stupet innuptae / dōn(um) exitiāle Minervae.*

d Oft umrahmt auch ein Hyperbaton eine Zweiergruppe – jeweils Adj. und Subst. – : 1,11 *Tantaen(e) animīs caelestibus īrae?*

St 2. Stilistik

(Alle genannten Stilmittel kennt auch die Kunstprosa – außer Nr. 6.)

1 **Al-literation** („Buchstaben-Gleichheit"), d. h. gleicher Anlaut mehrerer Wörter in einer zusammenhängenden Wortgruppe: 1,124 *māgnō miscērī murmure.*

2 **Aná-pher** („Wiederaufnahme"), d. h. Wiederverwendung desselben Wortes am Anfang mehrerer Sätze oder Wortgruppen: 1,99/100 *ubi . . . ubi . . . ubi . . .*

3 **Ant-onomasíe** („Namensersetzung"), d. h. Umschreibung des eigentlichen Namens, bes. durch ein „schmückendes" Beiwort oder Patronymikon (Angabe von Vater/Vorfahr): 1,99 *Aeac-idēs* (Enkel des Aeacus) für *Achillēs.*

4 **Archa-ismus** („Nachahmung des Alten"), d. h. Verwendung von Wörtern oder Formen einer früheren Sprachstufe: 1,254 *ollī* statt *illī.*

5 **En-allagé** („Vertauschung"), d. h. logisch unerwartete Beziehung eines Adjektivs: 1,502 *Lātōnae tacitum . . . pectus* ~ *pectus Lātōnae tacitae.*

6 **Enjambement** („Hineinspringen"), d. h. Hineinreichen des letzten Wortes eines (Teil-)Satzes in die folgende Zeile: 1,2/3 *Lāvīniaque vēnit / lītora.*

7 **Hen-dia-dyóin** („eins durch zwei"), d. h. Vervollständigung oder Verstärkung eines Begriffes durch zwei (oft sinnverwandte) Wörter: 1,18 *tenditque fovetque.*

8 **Hypér-bel** („Übertreibung"): 1,32 *mari(a) omnia circum.*

9 **Litótes** („Schlichtheit, Untertreibung"), d. h. Verneinung des Gegenteils, oft zur Verstärkung: 4,149 *haud . . . sēgnior* ~ *eādem celeritāte.*

10 **Metá-pher** („Übertragung“), d. h. bildhafte Ausdrucksweise als Kurzform eines Vergleichs: 2,281 *lūx Dardaniae* ~ *clārissime Trōiānōrum.*

11 **Met-onymíe** („Umbenennung“), d. h. uneigentlicher Ausdruck, der aber sachlich nahesteht: 6,847 *aera* Statuen/Büsten (aus Erz); 2,672 *tēcta* für *domus* (Pars pro toto ↗ St 12).

12 **Pars pro toto** („Teil anstelle des Ganzen“), d. h. Benennung des Ganzen nach einem seiner Teile: 4,658 *carīnae* (W) statt *nāvēs.*

13 **Pleonasmus** („Überfluss“), d. h. Mehrfachbezeichnung desselben Begriffs: 2,40 *prīmus . . . ant(e) omnīs.*

14 **Pro-lépsis** („Vorwegnahme“), d. h. vorausgreifende Bezeichnung nach der Folge/Wirkung: 4,9 *suspēns(am) īnsomnia terrent* statt . . . *ut suspēnsa sim.*

15 **Zeugma** („Verbindung“), d. h. Bezug des Verbs auf zwei Substantive, obwohl es nur zu einem passt: 1,264 *mōrēs . . . et moenia pōnet* statt *mōrēs (dabit) . . .*

M

3. Metrik

(– bezeichnet im Abschnitt Metrik nicht nur Naturlängen.)

Die Grundlagen der **Prosodíe** (Lehre von den Quantitäten der Silben) werden als bekannt vorausgesetzt; sie können in der Grammatik nachgelesen werden. Diese Vergewisserung ist besonders bei den Endungen wichtig; bei den Wörtern informieren der Ergänzungswortschatz, die Wortkunde und das Lexikon.
Auch die Elemente des Hexameters sollten bekannt sein. Trotzdem werden hier die wichtigsten Punkte der Versgestaltung erläutert.
Das **Schema des regelmäßigen Hexameters** lautet:

```
Versfüße   __1__ | __2__  | __3__  | __4__  | __5__ | __6
 (1–6)        ∪∪ |  ↑ ∪∪  |  ↑ ∪∪  |  ↑ ∪∪  |    ∪∪ | __ ×
               D    Z    D    Z         Z    D
```

In dem Schema bezeichnen Z eine mögliche Zäsur, D eine mögliche Dihärese ↗ 1 a/b. Im zweiten Teil eines Daktylus (– ∪ ∪) kann im 1. bis 4. Versfuß statt der Doppelkürze (∪ ∪) eine Länge eintreten, sodass ein Spondéus (– –) entsteht; im 5. Versfuß ist dies bei Vergil sehr selten; der 6. Versfuß ist regelmäßig zweisilbig (Ausnahme 4, 629); die letzte Silbe ist *anceps* „doppelköpfig“ (⊻).

1 **Versgliederung**
Ein Hexameter läuft nicht ungegliedert bis zum Versende. Vielmehr enthält er Sinneinschnitte, die durch minimale Sprechpausen (besser Denkpausen) der Versgliederung dienen. Dabei gibt es zwei Arten, die auch im selben Vers von derselben Art gehäuft oder von beiden Arten kombiniert auftreten können.

a Die **Zäsur** („Zerschlagung“; ↗ *caedere*): Hier liegt der Sinneinschnitt innerhalb eines Versfußes; im engeren Sinn betrachtet man nur den Einschnitt nach der Länge (nicht den selteneren zwischen den beiden Kürzen).

Als Sinneinschnitt ist die Zäsur nach der Länge des 2., des 3. und des 4. Fußes häufig. Bei einem einsilbigen Wort am Versbeginn steht regelmäßig eine zusammenhängende Wortgruppe, bei der ein „Anhalten“ unpassend wäre, z. B. 1, 4 *vī superum;* 1, 12 *urbs antīqua;* 1, 23 *id metuēns.*
(Bei den sehr seltenen Einschnitten im 5. und 6. Fuß liegt ebenfalls kein Sinneinschnitt vor, z. B. 1, 290 *hic quoque vōtīs;* 1, 498 *per iuga Cynthī* bzw. 1, 151 *sī forte virum quem*; 6, 846 *restituis rem.*)
Beispiele für die häufigen Zäsuren im 2. bis 4. Fuß sind etwa:
im 2. Fuß (oft in Verbindung mit einer Zäsur im 4. Fuß)
1, 9 *quidque dolēns / rēgīna deum / tot volvere cāsūs*;
im 3. Fuß (sog. ”Mittelzäsur“ oder „Hauptzäsur“)
1, 1 *Arma virumque canō, / Trōiae quī prīmus ab ōrīs*;
im 4. Fuß (s. o. zum 2. Fuß; beide heißen auch „Nebenzäsuren“)
1, 6 *īnferretque deōs Latiō, / genus unde Latīnum.*

b Die **Dihärese** bzw. Diärese („Auseinandernahme“ der Versfüße; griech.):
Sie wird nach dem 3. Fuß ausdrücklich gemieden (1, 1 *Trōiae, quī* statt *quī Trōiae*), um den Vers nicht in zwei gleichlange Hälften zerfallen zu lassen; Wortende nach dem 5. Fuß ist so häufig (ca. in 3/4 aller Verse), dass das Besondere entfällt; zudem liegt hier kein Sinneinschnitt vor.
Einen Sinneinschnitt gibt es bei der Dihärese nach dem ersten, dem zweiten und dem vierten Fuß. Beispiele sind etwa:
nach dem 1. Fuß: 1, 3 *lītora / multum ille et . . .;*
nach dem 2. Fuß: 1, 17 *hīc currus fuit; / hoc rēgnum . . .;*
nach dem 4. Fuß (sog. „bukolische Dihärese“, weil sie in bukolischer Dichtung [↗ E 4] häufig ist): 1, 154 *sīc cūnctus pelagī cecidit fragor / aequora postquam . . .*
Die Dihäresen sind seltener als die Zäsuren und oft von inhaltlicher Bedeutung.

2 **Positionslänge** (samt Ausnahmen)
Folgen auf einen Vokal zwei (oder mehr) Konsonanten (die auf zwei aufeinanderfolgende Wörter verteilt sein können), so wird die Silbe im Vers als lang gemessen: sog. Positionslänge, ohne dass der Vokal selbst lang gesprochen würde, z. B. 1, 1 *virumque* (◡ – ◡) bzw. 1, 2 *Ītaliam fātō* (– ◡ ◡ – – –).
Bei der Abfolge **muta** (an 1. Stelle) **cum liquida** (an 2. Stelle) schwankt die Messung. Die wichtigsten *litterae **mutae*** sind *b, p, f*; *d, t*; *g, c*; die *litterae **liquidae*** – einschließlich der *nasales* – sind *l, r*; *m* und *n*.
Bei der Abfolge **muta cum liquida** gibt es drei Möglichkeiten:

a Die vorausgehende Silbe ist **regelmäßig kurz,** wenn *muta cum liquida* am Anfang des folgenden Wortes stehen: 1, 39 *exūrerĕ classem.*

b Die vorausgehende Silbe ist **kurz oder lang,** wenn *muta cum liquida* innerhalb eines Wortes stehen, z. B.
*2, 663 *nāt(um) ant(e) ōra pătris, patrem* (– –) *qu(i) ob-truncat ad ārās.*

c Die vorausgehende Silbe ist **lang,** wenn *muta cum liquida* auf zwei aufeinanderfolgende Wörter verteilt sind, also keine Einheit bilden: 1, 28 *et raptī* (– – –).

3 **Zusammenstoß zweier Vokale**

Das Zusammentreffen zweier Vokale bei aufeinanderfolgenden Wörtern bewirkt durch die für die Wortabgrenzung nötige Pause einen Hiat („Klaffen" des Mundes; ↗ c). Er wird von den augusteischen Dichtern z. T. schon durch die Wortwahl vermieden (besonders von Ovid). Dieser Fall (Hiat) liegt auch vor, wenn das erste Wort auf Vokal mit schließendem *-m* endet (da *-m* kaum gesprochen bzw. wie etwa im Französischen nasaliert wurde) und wenn das folgende Wort auf *h-* (mit Vokal) beginnt (da *h-* nicht berücksichtigt wurde).

Folgen solche Wörter (mit Hiat) im Vers aufeinander (bei Vergil und besonders Horaz viel öfters als bei Ovid), gibt es zwei Hauptmöglichkeiten der Vermeidung, die Elision oder die Aphärese.

a Die **Elision** („Ausstoßung"): Der auslautende Vokal, der ursprünglich (auch in der Zeit Vergils) noch schwach gesprochen bzw. (bei folgendem *-m*) nasaliert wurde, wird in der gängigen Praxis unterdrückt („ausgestoßen"), z. B. 1, 7 ... *atqu(e) altae* bzw. 1, 3 *mult(um) ille;* auch *h-* am Wortanfang wird nicht berücksichtigt: 4, 181 *mōnstr(um) (h)orrendum.*

Im folgenden Schema werden nur die gesprochenen Laute fett hervorgehoben:

1. Wort:	2. Wort:
Vokal am Wortende u. U. Vokal + *-m*	**Vokal** am Wortanfang u. U. *h-* vor **Vokal**

b Die **Aphärese** („Wegnahme"): Nach einem Wort auf Vokal (u. U. mit *-m*) wird das anlautende *e-* von *est* (selten *es*) weggelassen: 1, 148 *coorta (e)st.*

Folgender Vers über den Riesen Polyphem enthält alle genannten Besonderheiten: *3, 658 *mōnstr(um h)orrend(um), īnfōrm(e), ingēns, cui lūmen adēmptum (e)st.*

c Der **Hiat** (s. o.) wird nur ausnahmsweise zugelassen, besonders bei Namen und Interjektionen oder wegen bestimmter Klangwirkungen, z. B.
1, 16 *Samō.* | *Hīc* (wobei *h-* nicht zählt); 4, 667 *fēmineō* | *ululātū.*

d Die **Synizese** (das „Zusammensitzen" von zwei Vokalen): Normalerweise wird das Zusammentreffen von zwei Vokalen innerhalb eines Wortes nicht als störend empfunden. Im Allgemeinen wird hier in der Dichtung wie in der Prosa gelesen, also *Ītaliam* (1, 13) viersilbig bzw. *Iūnōnis* (1, 4) dreisilbig (wie etwa *iam, iungere* etc.), wo *i* als *j* gesprochen wird. Diese letztere Möglichkeit (Aussprache als *j*) wird in der Dichtung erweitert und auch bei *e*/*u* vor Vokal angewandt. Nur in diesen Fällen, die in dieser Ausgabe durch unter den Vokalen stehende Bögen angezeigt werden, spricht man von Synizese, z. B.
1, 2 *Lāvīniaque vēnit*; 1, 698 *aurea* (lies *aurja*);
1, 131 *dehinc* (einsilbig *dejnc; h* entfällt) oder 2, 691 *deinde.*

4 **Rhythmisches**

a Die Häufung von **Daktylen** malt oft die Schnelligkeit/Leichtigkeit,
z. B. 2, 227 *sub pedibusque deae clipeīque sub orbe teguntur,*

b Die Häufung von **Spondéen** erzeugt oft Nachdrücklichkeit bzw. Feierlichkeit,
z. B. 1, 92 *Extempl(o) Aenēae solvuntur frīgore membra.*

W 4. Ergänzungswortschatz

Aufgenommen sind Vokabeln und deutsche Bedeutungen, die in der vorliegenden Auswahl mindestens dreimal vorkommen und sich nicht bei RAAB/KESSLER (L2-Wortschatz) finden, einschließlich einiger geografischer Namen, die wie Vokabeln gelernt werden müssen; im Sublinea-Kommentar wird auf diese Wörter durch W hingewiesen.
○ kennzeichnet Wörter, die bei LINDAUER (L1-Wortschatz) stehen;
* erinnert an die Zusatzwortliste (III. Dichtung) bei RAAB/KESSLER. Es sind nur die mit – geschriebenen Vokale und die Diphthonge lang zu sprechen.

	ab-rumpere	abreißen, abbrechen
	Achīvī, -ōrum	Achiver, Griechen (W 2)
	ad-fārī; ad-loquī	ansprechen
	ad-vena (*venīre*)	Ankömmling, Fremder
○ *	**aethēr, -eris** (Akk. *-era;* m.) (griech.)	(höhere/reinere) Luft, Himmel (als Sitz der Götter)
○	**am-plectī** (*amplexus sum*)	~ *com-plectī* (*complexus sum*)
	apt-āre	anheften, befestigen
	ar-rigere (*arrēxī, arrēctum*)	aufrichten
○ *	**arvum**	Ackerland, Flur, (Fest-)Land
	at-tollere	~ *tollere* (S 6b)
	Ausonius	(ausonisch,) italisch (W 2)
○	**caelāre**	(im Relief) darstellen, ziselieren
○ *	**caerul-eus** (*caelum*)	dunkelblau, dunkel
*	**carīna**	Kiel; Boot (↗ St 12), Fähre
○	**caterva**	Schar
○	**clipeus**	(Rund-)Schild
*	**coma**	Haar
	con-lābī (*conlāpsus sum*)	zusammenbrechen, niedersinken
○	**cor-ripere** (*-uī, correptum*)	ergreifen, packen
	cuspis, -idis (f.)	Speerspitze, Speer
	Danaī (Gen. meist *-um* ↗ S 1)	Danaer, Griechen (W 2)
	Dardan(i)us (W 2)	dardanisch, trojanisch; Trojaner
	dī-vellere (*dīvulsum*)	wegreißen, zerreißen
	duc-tor, -ōris	~ *dux, ducis*
	ef-fārī (*effātus sum*)	(aus-)sprechen, sagen
○ *	**ēnsis, -is** (m.)	Schwert
	ex-tendere	ausdehnen, entfalten
	ex-uviae, -ārum	(erbeutete) Rüstung, Beute

W	**fāt-ālis, -e**	schicksalhaft, verderblich
○	**ferrī** (Pass. zu *ferre*)	eilen, (sich) stürzen
○	**fovēre**	wärmen, pflegen
○	**fulvus**	rötlich gelb, dunkel
	fŭria	Wut
○	**gemitus, -ūs** (*gemere*)	Seufzer, Stöhnen
	glomerāre (*globus*)	zusammendrängen, -scharen
	gnātus (*gi-gn-ere*)	~ *nātus* (St 4)
	heu!	wehe! ach!
	hībernus (*hiems*)	winterlich
	horrendus (*horrēre*)	grauenvoll, schauderhaft
○	**hospit-ium**	Gastfreundschaft
	iam	schon; (+Präs.) nun; (+Fut.) bald
	īgnis, -is (m.; Abl. meist *-ī*)	(oft:) Blitz, Fackel
	Īli-acus	(ilisch,) trojanisch (W 2)
	in-clutus	berühmt
	īn-fandus (*fārī*)	unsäglich, grässlich
	īn-fēlīx, -īcis	unglücklich, unheilvoll
	lacrim-āre	weinen
	Lĭbya	Libyen, (Nord-)Afrika (St 12)
	linquere	~ *re-linquere* (S 6a)
	longē	in weitem Abstand; weit
○	**murmur, -uris** (n.)	Gemurmel, Geräusch
	neu	~ *nēve, neque*
	nū-men, -inis (n.)	(oft:) göttliche Macht, Wille
	ō! (Interjektion)	o(h)! ach! (oft nicht zu übersetzen)
	omni-potēns	allmächtig
○	**pandere**	(er-)öffnen, schützend ausbreiten
○	**pelagus, -ī** (n.; griech.)	die hohe See; Meer
	Phrygiī, -ōrum	(Phrygier,) Trojaner (W 2)
	prō-spicere	Ausschau halten; von fern sehen
○	**puppis, -is** (f.)	Hinterdeck; Schiff (St 12)
	quā	1. (*viā*) wo; 2. (*ratiōne*) wie
	quandō	(oft kausal:) da (ja)
	quater (*quattuor*)	viermal
	-que . . . -que	~ *et . . . et*
	rēs	(poet.) Besitz, Macht, Staat, Welt
○	**rogus** (*ē-rig-ere*)	Scheiterhaufen

W	**saev-īre** (*saevus*)	wüten
	sanguin-eus	blutig, blutrot, blutunterlaufen
	scopulus	Fels, Klippe
	spūma	Schaum, Gischt
○	**spūmāre**	schäumen, triefen
	strātum (*sternere*)	(„Hingebreitetes") Polster, Lager
	sub (+ Abl.)	(oft:) tief in
	sub (+ Akk.)	(oft:) in . . . hinunter
	tempora, -um	(2.) die Schläfen; das Haupt
	ter (*trēs*)	dreimal
	Teucrī, -ōrum	(Teukrer,) Trojaner (W 2)
○	**thalamus** (griech.)	Schlafgemach; Haus; Hochzeit
○ *	**torus**	Polster, Ruhesofa
○	**tot-idem** (indeklinabel)	ebenso viele
○	**trepidus** (*trepidāre*)	ängstlich
	tri-dēns, -entis	dreigezackt; Dreizack
	turbō, -inis (m.; *per-turbāre*)	Wirbel, Wirbelwind
	Tyrius	(tyrisch,) karthagisch; Karthager
	ŭterus (FW)	Bauch, Unterleib
	vitta	(Stirn-)Binde (bes. der Priester)

Anhang: Häufige Synonyme (d. h. austauschbare Bezeichnungen)
(Nicht übersetzte Wörter stehen in den gängigen Wortkunden.)

W 1 **Metonymíen** (St 11):

caelum:	*aethēr* (W), *astra, aura* (griech.), *sīdera*; *polus* (griech.: eigtl. Erdachse; Himmelsgewölbe).
deus:	*dīvus; caeli-cola* (↗ *in-colere*; „Himmelsbewohner"), *cael-estis*; Pl.: *superī* („die Oberen"; ↗ *super-ior*).
fīlius:	*(g)nātus* (W), *prō-geniēs, prōlēs, sanguis*; auch: *crē-tus* (↗ *crē-scere*; „entsprossen"), *satus* („gesät").
mare:	*aequor, fluctus* (-*ūs*), *pelagus* (W), *pontus, sāl, unda*; *altum* (die „hohe" See), *salum* (griech. „Schwanken, Rollen" des Meeres), *stăgnum* (eigtl. Teich; poet. auch „Gewässer").
nāvis:	*carīna* (W), *puppis* (W), *ratis*; *aes* (der „erzbeschlagene" Schiffsschnabel; St 11).
pater:	*genitor, parēns*; *sator* (↗ *serere*; „Säer", Erzeuger).

W 2 **Antonomasien** (St 3):

(Graecī:)	*Achīvī* (eigtl. griech. Volksstamm: St 12), *Argīvī* (eigtl. Bewohner der Stadt Argos: St 12), *Danaī* (nach *Danaos,* dem Gründer von Argos), *Grāī* (poetische Form für *Graecī*).
Ītalia:	*Ausonia* (nach den altitalischen *Ausoniī* [N]: St 12), *Hesperia* (griech. „Land im Westen"), *Sāturnia tellūs* (nach Saturn: N).
Trōia:	*Dardania, Īlium, Teucria* (nach trojanischen Königen: ↗ Stammbaum E 6.1); *Pergama, -ōrum* (eigtl. Burg von Troja).
Trōiānus/-ī:	*Aene-adae* (Nachkommen, Gefährten des Aeneas), *Dardanus/Dardanidae, Īlia-cus, Teucrī, Trōes(-um)/Trōī* (nach trojanischen Königen: ↗ Stammbaum E 6.1). *Phrygiī* (nach der Landschaft, in der Troja lange lag).

N 5. Eigennamen-Verzeichnis

(Es sind nur Namen aufgenommen, die mindestens dreimal vorkommen.)

Achillēs: Achill(es), Sohn der Meergöttin Thetis und des Peleus, durch diesen ein Enkel des Aíakos (~ *Aeacidēs*: St 3); Hauptheld der Griechen (Achilleus) bei der Belagerung Trojas (und in Homers Ilias).

Achātēs: treuester Gefährte des Aeneas; ↗ zu 1,696.

Achīvī (W): Achiver (latinisierte Form von Achäer: griech. Stamm) ~ Griechen.

Aenēās (*-ae*): Sohn der Venus und des ↗ Anchíses, in der Ilias Aineias; Titelheld des Vergil-Werkes (vgl. Odysseus und Odyssee); dazu Adj. *Aenēius* (viersilbig) und *Aenéadae* (die Aeneáden: Leute des Aeneas/Äneas).

Alba: Alba Longa (dazu Adj. *Albānus*), Stadt am Albaner-See (sö. von Rom, heute Castel Gandolfo), gegründet von ↗ Ascanius, dem Sohn des Aeneas.

Alcīdēs: der Alkide ~ Herakles/Hercules, benannt nach seinem „Großvater" Alkeus (dem Vater von Amphítryon, dem Ziehvater des Herakles); St 3.

Anchīsēs: Vater des ↗ Aeneas; er ist vor seinem Tod (auf Sizilien) die maßgebliche Autorität der umherirrenden Trojaner und spielt auch nach seinem Tod eine wichtige Rolle in der Aeneis.

Anna: Schwester und Vertraute der ↗ Dido.

Apollō: Gott der Künste und der Weissagung, von Latóna auf der Insel Delos geboren; Augustus schreibt ihm den Sieg bei Aktium (31 v. Chr.) zu.

Argī: Argos (n.), Hauptstadt der Árgolis (im Osten der Peloponnes); dazu Adj. a) *Argīvus* b) *Argŏlicus* (im Sinne von „griechisch").

Ascănius: Sohn des Aeneas und der ↗ Crĕūsa, Gründer von ↗ Alba (Longa); seinen Beinamen *Īlus* (↗ Ilium) wandelt Jupiter in *Iūlus* um.

Aurōra: Göttin der Morgenröte; ihr Gemahl ist Tithónus (↗ zu 4,584/5).
Ausoniī: (alter Name für) Italer (eigentlich Ausonier), oskischer Stamm zwischen Latium und Kampanien; dazu Adj. *Ausonius.*
Caesar: a) (C. Iulius Caesar) Octavianus ~ *Augustus* (63 v. – 14 n. Chr.), von seinem Großonkel Caesar adoptiert.
b) C. Iulius Caesar (100–44 v. Chr.), der Diktator.
Cerēs (griech. Demeter): röm. Göttin des Ackerbaus.
Crĕūsa: erste Gattin des Aeneas, der sie bei der Flucht aus Troja verlor.
Dánaī (W): Griechen, benannt nach Dánaos, dem Gründer von Argos (↗ Argi).
Dardania: ~ Troja, benannt nach dem Zeus-Sohn Dárdanus, dem mythischen Gründerkönig Trojas, dessen ursprüngliche Heimat (nach Vergil) Latium war; ↗ Stammbaum E 6.1; dazu a) Adj. *Dardanius* (W) b) *Dardanidae, -um* (~ die Trojaner) c) *Dárdanis, -idos*; f. (~ Crĕūsa s. o.).
Dīdō (auch *Elissa*): phönizische Königstochter, flieht aus ↗ Tyrus, als ihr Gatte Sychäus ermordet wurde, und gründet ↗ Karthago.
Dólopes (*-um*): Doloper, Volksstamm in Mittelgriechenland; sie stehen unter der Führung des ↗ Achilles.
Euander (meist *Euandrus* [griech. „der gute Mann“]): Sohn des Merkur und der Nymphe Carmentis, König von Pallantēum (der Vorläufer-Siedlung Roms auf dem Palatin), Vater des ↗ Pallas (b), ursprünglich in Arkadien (Griechenland; Peloponnes) beheimatet.
Eurus: der (Süd-)Ostwind (griech.).
Hector (*-ris*): Sohn des ↗ Priamus, leitet bis zu seinem Tod durch ↗ Achilles die Verteidigung Trojas; dazu Adj. *Hectŏreus.*
Īlium (griech. Ilion; benannt nach Īlos, dem Großvater des ↗ Priamos): ~ Troja; dazu Adj. a) *Īlius* b) *Īliacus* (W).
Ītalia (W 2): Italien; dazu Adj. und Subst. *Italus,* auch: Italer (als Bewohner des ursprünglichen Italiens).
Iūnō (griech. Hera): Juno, Gemahlin des ↗ Iuppiter; aufgrund des Paris-Urteils Feindin Trojas, will die Ansiedlung des Aeneas in Italien verhindern.
Iuppiter (griech. Zeus): (dt.) Jupiter, Sohn des ↗ Saturnus, Beherrscher des ↗ Olympus; Götterkönig; Gemahl der ↗ Iuno.
Iūturna: Quellnymphe, Schwester des ↗ Turnus.
Karthāgō: im heutigen Tunesien; Tochtergründung („Neu-stadt“) der phönizischen Stadt ↗ Tyrus; nach antiken Historikern um 814 v. Chr. gegründet, entsprechend Vergils Schilderung etwa z. Zt. des Trojanischen Krieges, also über 350 Jahre früher.
Lāocoōn: Priester des Apollo und zeitweise des Neptun in Troja (↗ zu 2,201).
Latīnus: italienischer König; seine Tochter ↗ Lavinia ist mit Turnus verlobt.
Latium: Gebiet um Rom; dazu Adj. *Latīnus* (auch: Bewohner von Latium).
Lavīnia: Tochter des italischen Königs Latinus, zweite Frau des Aeneas.
Lavīnium: Stadt etwa 20 km südlich von Rom, gegründet von Aeneas, benannt nach seiner italischen Gattin ↗ Lavinia; heute Pratica di Mare, wo man das angebliche Grab des Aeneas zeigt (↗ zu 12, 794); dazu Adj. *Lāvīnius.*

Libya (W): Libyen, (in der Antike) Nordafrika (vom Atlas-Gebirge bis nach Ägypten); dazu Adj. *Libycus.*

Lycia: Lykien, Landschaft in SW-Kleinasien; dazu Adj. *Lycius.*

Mārs (griech. Ares): Gott des Krieges, Vater des Romulus und Remus.

Māvors: ~ Mars (Archaismus, St 4); dazu Adj. *Māvortius.*

Minerva (griech. Athene): Göttin der Weisheit und des Handwerks, für deren Tempel in Troja das „Trojanische Pferd“ bestimmt ist.

Mycēnae: Burg und Herrschersitz des griech. Heerführers Agamemnon auf der Peloponnés, nördlich von Argos (↗ Argi).

Neptūnus (griech. Poseidon): Gott des Meeres; dazu Adj. *Neptūnius.*

Olympus: der Olymp (als Sitz der Götter), eigtl. höchster Berg in Griechenland.

Pallas: a) (Gen.: *-adis*) ~ die griech. Göttin Pallas (griech. „Mädchen, Jungfrau“) Athene ↗ Minerva.
b) (*Pallās, -antis*) Sohn des ↗ Euander; er soll unter der Führung des Aeneas erste Kriegserfahrungen sammeln, wird aber von ↗ Turnus getötet.

Phoebus (griech. Phoibos, „der Strahlende“): Beiname des Apollo; dazu Adj. *Phoeb(a)eus.*

Phoenissus (Adj.): phönizisch bzw. karthagisch (↗ Karthago).

Phrygius (W): Adj. zu Phrygien: Landschaft um Troja; auch ~ trojanisch.

Priamus: König von Troja (↗ Stammbaum E 6.1), Vater u. a. von ↗ Crěūsa, ↗ Hector, Paris, Cassandra.

Rōma: Rom (als die Stadt der Zukunft); dazu Adj. *Rōmānus.*

Rutulī: italischer Stamm mit Zentralort Árdea (etwa 35 km südl. von Rom); ihr Führer ist ↗ Turnus.

Sāturnus (griech. Kronos): Vater der olympischen Götter, von ↗ Iuppiter gestürzt; König des „goldenen Zeitalters“ in Alt-Italien (~ *Sāturnia tellūs*); dazu Adj. *Sāturnius*: von Saturn abstammend.

Stygius: Adj. zu Styx, Fluss der Unterwelt; ↗ zu 12, 816/7.

Sychaeus: Sychäus, früherer Gatte von ↗ Dido.

Teucrus: a) ältester König von Troja (↗ Stammbaum E 6.1).
b) ~ Trojaner (benannt nach Teucrus; W); dazu Adj. *Teucrius*; *Teucria*: Troja (und sein Umland).

Thybris: Tiber (benannt nach einem etruskischen (?) König, der in diesem Fluss ertrunken sein soll (↗ zu 8, 330/2); dazu Adj. *Tiberīnus.*

Trōes: die Trojaner, benannt nach Tros (↗ Stammbaum E 6.1), dem Urgroßvater des ↗ Anchises und ↗ Priamus.

Trōia (W 2; zweisilbig): Schauplatz der in der Ilias geschilderten Kämpfe; dazu Adj. *Trōius* (dreisilbig) bzw. *Trōiānus* (auch dreisilbig).

Turnus: Sohn der Nymphe Venilia und des Daunus; Führer der italischen ↗ Rutuli; erbitterter Gegner des Aeneas; mit ↗ Lavinia verlobt.

Tyrus: phönizische Stadt (im heutigen Libanon), Mutterstadt Karthagos; dazu Adj. *Tyrius* (~ karthagisch; W).

Věnus (griech. Aphrodite): Göttin der Liebe, von ↗ Anchises Mutter des ↗ Aeneas; auch Mutter von Cupido (T 8).

Verzeichnis der Abbildungen

K 6. KARTE: Der Weg des Aeneas

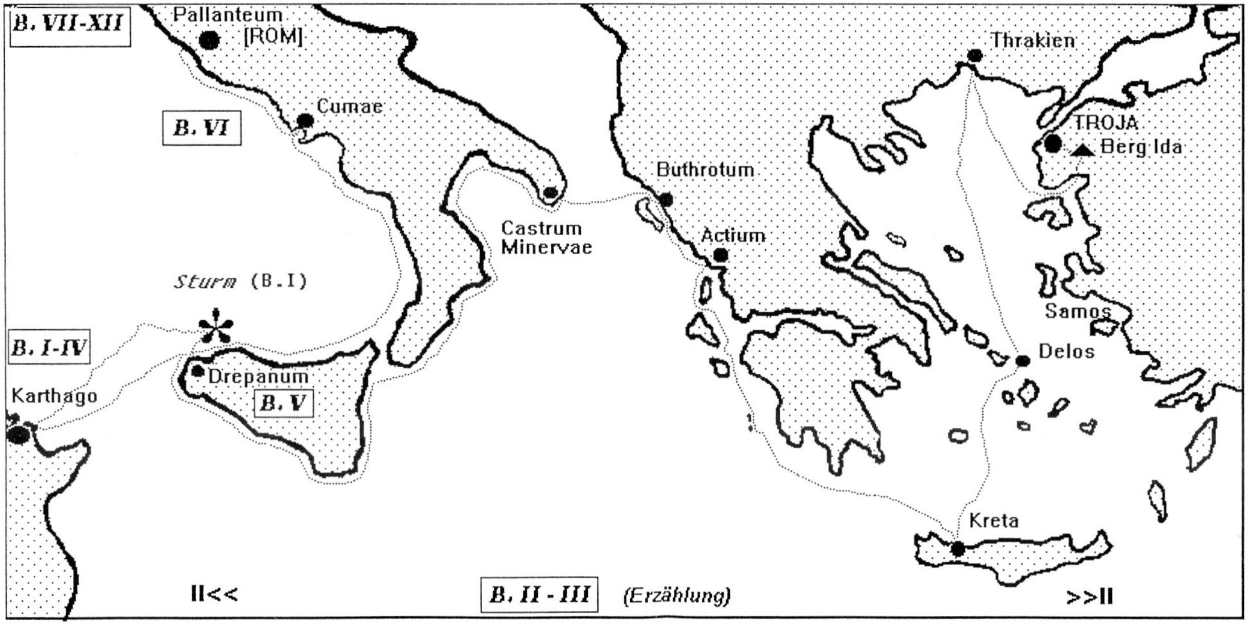